TIDEAS Y TRUCOS

PARA
DECORAR SU CASA

IDEAS Y TRUCOS

1. Para el hogar
2. Para comportarse socialmente
3. Para hablar en público
4. De belleza
5. Para preparar cócteles
6. Para elegir el nombre del bebé
7. Para educar hijos felices
8. Para la cocina
9. Para negociar
10. Para conocer datos útiles
11. Para mejorar su vida sexual
12. Para balcones, terrazas y jardines
13. Para el cuidado de animales de compañía
14. Para la futura mamá
15. Para estudiar y superar exámenes
16. Para escribir correctamente
17. Para estar siempre joven
18. Para aprender a dibujar
19. Para primeros auxilios
20. Para diseñar, cortar y coser
21. Para divertir a los niños
22. Para conocer los vinos
23. Para tener carisma y magnetismo personal
24. Para vivir al aire libre
25. Para viajar
26. Para la secretaria moderna
27. Para adelgazar
28. Para conocerse a sí mismo
29. Para mejorar el vocabulario
30. De supervivencia
31. Para organizar fiestas
32. Para encontrar empleo
33. Para decorar su casa
34. Para hacer mejores fotografías
35. Para comunicarse con su pareja
36. Para ayudar a sus hijos en edad escolar

Bo Niles

*T*IDEAS Y *T*RUCOS

— *PARA* —

DECORAR SU CASA

Victor

Si usted desea que le mantengamos informado de nuestras publicaciones, sólo tiene que remitirnos su nombre y dirección, indicando qué temas le interesan, y gustosamente complaceremos su petición.

Ediciones RobinBook
Información Bibliográfica
Aptdo. 94.085 - 08080 Barcelona
E-mail: robinbook@abadia.com

Título original: *Make Yourself at Home.*
© 1995, Bo Niles.
This edition published by arrangement with Berkley Publishing, a member of Penguin Putnam Inc.
© 1998, Ediciones Robinbook, SL.
  Aptdo. 94.085 - 08080 Barcelona.
Diseño cubierta: Regina Richling.
Fotografía: Regina Richling.
ISBN: 84-7927-302-X.
Depósito legal: B-23.241-1998.
Impreso por BIGSA. Manuel Fernández Márquez, s/n, 08930 Sant Adrià del Besós.

Impreso en España - *Printed in Spain*

INTRODUCCIÓN:

LA IDEA DE HOGAR

Aunque ya no vivimos en cuevas para protegernos de la lluvia o de los peligros, el cobijo de una casa es todavía para nosotros una necesidad fundamental. Además de la sensación de seguridad y protección, ¿qué es exactamente lo que tiene una casa para hacernos sentir cómodos? ¿Qué nos hace sentirnos a gusto? ¿Qué nos hace sentirnos, literalmente, en un *hogar*?

Cuando entramos en casa de alguien sabemos si se está «perfectamente bien», como diría Ricitos de Oro, o no. Cuando se está bien nos sentimos como en casa. ¿Por qué? No es sólo la distribución de los muebles, aunque eso ayuda mucho. Tampoco depende de los colores, aunque por supuesto el color afecta al humor. Tampoco depende de otros objetos de decoración, aunque la elección de estos objetos refleja el gusto y la personalidad del dueño. Son todos estos factores y muchos más. Un hogar es mucho más que la suma de todas sus partes.

En la práctica, una casa o un apartamento se diseña y se construye como un conjunto de habitaciones. Cada habitación está constituida por paredes, ventanas, puertas, suelo, techo y vías de paso invisibles entre las puertas, y tal vez, elementos de obra como por ejemplo una chimenea, librerías o una hornacina.

La decoración de una casa se compone de adornos, una conjunción de elementos estéticos y mobiliario que transforma lo que viene dado –la estructura de las habitaciones– en un lugar personal, el lugar que puede llamar suyo y de nadie más. Entre estos adornos se encuentran la pintura y/o el papel pintado, las moquetas y/o las alfombras, el mobiliario, la iluminación, las cortinas y la ropa de cama, sus libros, sus cuadros y otros objetos de arte, los vídeos y/o los discos compactos, y todas y cada una de las cosas que usted va reuniendo porque le gustan y quiere tenerlas cerca.

EL SENTIDO DEL ESTILO

El diccionario Webster define la palabra *estilo* como «forma de expresión distintiva» o «comportamiento o costumbre», y así es. Su comportamiento y su estilo personal de vestir le diferencian de los demás y le definen como individuo.

El estilo también se define como «un modo particular de vivir», y por ello ha significado históricamente el modo en que se colocaba el mobiliario y otros objetos para reflejar la moda o el gusto de la época.

Hasta la Revolución Industrial y la llegada de la maquinaria que permitiría que se fabricaran en serie los muebles y los objetos de decoración, el estilo se manifestaba de forma más obvia y espectacular en las mansiones de las clases más altas. Los muebles bonitos y los objetos decorativos eran caros; cada pieza de mobiliario y cada objeto, desde los platos de porcelana hasta las copas de cristal, estaban hechos a mano. Cada estilo o forma de decoración particular persistía por influencia de la monarquía y la aristocracia predominante con bastante constancia y durante un período considerable de tiempo hasta que era suplantado por la influencia de otro grupo con más poder.

Con la Revolución Industrial el ritmo se aceleró y los estilos se sucedieron cada vez con mayor frecuencia. El potencial para adoptar un estilo se hizo accesible a todos y los estilos se superpusieron unos a otros hasta el día de hoy, en que continúan haciéndolo.

Debido a la mayor movilidad y a la facilidad para viajar a puntos cada vez más lejanos del mundo, un estilo en particular ya no está confinado a un país o una zona concreta. El estilo se interpreta y reinterpreta en cada sitio.

Hoy cualquiera puede influir en el estilo o en un estilo concreto. Con el actual orgullo de la herencia y la raza, los estilos van desde los basados en una referencia histórica o nacional concreta hasta los que mezclan artísticamente muchas influencias para conseguir una imagen ecléctica.

ESTILO PERSONAL

En América, donde vivimos constantemente la lucha entre individualismo y conformidad, o entre la expresión de la personalidad propia y la aceptación por parte de los demás, la noción misma de estilo puede llegar a intimidarnos. No debe hacerlo. En el fondo el estilo es simplemente esto, por citar de nuevo el diccionario Webster: «la facilidad en la forma», la confianza en uno mismo y su propio gusto. Esto soy yo; aquí es donde vivo; esto es lo que me gusta tener alrededor. El estilo se reduce a lo que nos parece a nosotros perfectamente bien.

LO QUE PUEDE HACER ESTE LIBRO Y LO QUE NO

Lo que no hará este libro es decirle qué estilo debe seguir. Sólo pretende ayudar a que se sienta cómodo con sus decisiones sobre decoración.

En primer lugar buscaremos en usted pistas sobre lo que le gusta tener alrededor. En cierto modo éste es el capítulo más importante de todos porque le ayudará, y debería animarle, a decidir lo que quiere y lo que necesita para vivir, si todavía no lo sabe.

Después entraremos en los pormenores de la organización del espacio existente. Éste es un capítulo de trabajo duro en el que le enseñaremos a hacer un plano de la habitación y luego analizaremos cómo colocar el mobiliario. Los dos indicadores más importantes de la comodidad en el hogar son la idea que tenemos de nuestras propias cosas y la forma en que organizamos el mobiliario.

EL FONDO Y LOS COMPONENTES
DE LA DECORACIÓN

Después consideraremos el papel del fondo en la decoración: los techos, las paredes y los suelos de su casa. El fondo debe ser lo más suave y libre de huella posible porque así hará resaltar el mobiliario y los demás objetos. Un fondo feo hará que sus cosas parezcan insignificantes y queden deslucidas.

Una vez que conozcamos la forma de hacer un fondo atractivo analizaremos las telas, los revestimientos y los demás objetos que desempeñan algún papel en la decoración: los muebles, las alfombras y las moquetas, la iluminación y las lámparas, las cortinas y por último los accesorios. Cuando hayamos terminado este repaso temático del hogar, usted tendrá una idea bastante clara de aquello que le hace sentirse en su casa.

CÓMO UTILIZAR ESTA GUÍA

Este libro está escrito para que lo pueda leer desde la primera a la última página porque sigue el proceso del diseño y la decoración de una casa de principio a fin. De todos modos no tiene por qué leerlo así si no lo desea. Si está perfectamente satisfecho con sus cosas pero se muda de casa, es posible que quiera saltarse el primer capítulo e ir directamente al segundo o incluso al tercero, para saber algo más sobre la forma de colocar los muebles. Quizá sólo quiera algunos consejos sobre ciertos objetos en particular, tales como alfombras o cortinas. O quizás quiera hacerse un plano de la casa pero no necesite ninguna idea nueva sobre la ropa de cama.

Hojee el libro y vaya de un capítulo a otro como mejor le convenga. Piense que es como un amigo y un consejero. Llévelo consigo por ejemplo cuando vaya a comprar algún mueble tapizado o una lámpara.

Y ahora empecemos. Diviértase. Disfrute. Así se sentirá contento de hacer de su casa un hogar. Entonces será cuando se sienta de verdad en casa.

Primera Parte

PLANEAR LA DISTRIBUCIÓN

1. ANALIZARSE UNO MISMO

Uno sabe cuando una casa es un hogar. Todo en la casa parece que está en el lugar perfecto. Hay una lógica entre persona y lugar, una armonía que emana del diseño y la decoración unida a una expresión particular, íntima y personal del estilo y del gusto.

Antes de decorar su casa piense en sí mismo y busque pistas sobre cómo quiere vivir y lo que quiere tener alrededor.

LLEVAR UN DIARIO DE LA CASA

Cuando empiece a pensar en cómo estar cómodo en su nueva casa, compre una agenda o un bloc de notas para utilizarlo exclusivamente como diario de su casa. Debe ser fácil de llevar en el bolsillo, en el bolso o en la cartera. Los mejores son los que tienen sitio para meter el bolígrafo o el lápiz. Así pueden tomarse notas con rapidez.

Un diario y un amigo

El diario de la casa resulta útil sobre todo como agenda, para ir anotando cómo evoluciona la casa día a día y semana a semana. ¿Por qué? Porque así puede saber cuándo se decidió a comprar algún objeto para su casa, cuándo espera que lleguen las cosas que se encargaron por teléfono, cuándo deben venir los obreros a casa y otros detalles.

El diario también le ayudará cuando vaya de compras porque podrá apuntar las cosas que le gustaría tener en su casa, aunque le parezca que están fuera de su presupuesto. Quizás pueda copiar la idea que ha visto en una tienda pero de forma menos complicada y más barata.

Un diario puede servir además como libro de anotaciones. Es un buen lugar para apuntar las impresiones e ideas que se le van ocurriendo durante todo el proceso, desde el principio hasta que se mude a la casa.

HONRAR LOS RECUERDOS

Antes de empezar a considerar el modo de decorar su casa, tómese un tiempo para pensar en lo que le gusta o le gustaba de los lugares importantes en su pasado y en qué lugares le gusta estar ahora, y anótelo. Le sorprenderá comprobar los sentimientos y las imágenes que rememora este proceso. Es muy posible que alguno de estos alegres «decorados» interiores pueda trasladarse a su nueva casa.

Habitaciones del pasado

Primero rememore las habitaciones de su pasado que le traen buenos recuerdos. Por ejemplo, ¿qué le gustaba de la casa en la que pasó su infancia? ¿Qué recuerda de las casas de sus abuelos, sus parientes o sus mejores amigos?

Los recuerdos pueden inspirar una penetrante sensación de calidez o quizás de luminosidad, o bien pueden ser selectivos. A menudo son sólo imágenes persistentes y borrosas de una habitación o incluso otro tipo de sensaciones, como un olor o un fragmento musical. También podemos recordar sólo parte de una habitación en la que fuimos felices. La cuestión es pensar en formas de llevar la felicidad a nuestra nueva casa.

Empezar por lo concreto

Es posible que la sensación que tengamos venga de algo muy específico, como por ejemplo una vieja butaca, grande y cómoda, en la que nos enroscábamos delante del fuego o en la que nos leían cuentos cuando éramos niños. O quizás fuera la mesa y las sillas en las que nos reuníamos para desayunar antes de ir al colegio.

Tal vez fuera el olor de las sábanas recién dobladas o el aroma del bizcocho que acababa de salir de la oscura caverna del viejo horno. O bien el reflejo del rayo de sol so-

bre la tarima del suelo de aquel húmedo desván donde
jugábamos al escondite entre montones de cajas y baúles.

Recordar los detalles

Ahora céntrese en los aspectos de esos recuerdos que le resulten más entrañables. Por ejemplo, si recuerda una tela
especial del porche de su juventud, el delicioso color de
los muebles de su infancia, o el papel pintado que había en
la habitación de invitados de la abuela, considere la posibilidad de recuperarlos en su nueva casa. No tiene que copiar exactamente la tela o la pintura sino buscar algo que le
traiga a la memoria esos agradables recuerdos.

Si se acuerda de la forma y el estilo de una silla concreta que le resultaba muy cómoda de pequeño, puede buscar
una silla parecida para su nuevo salón. Si su mejor amigo
tenía una alfombra o una vajilla que le gustaba en el comedor de su casa, piense en la posibilidad de llamarle por teléfono para averiguar más detalles y poder buscar una para
usted.

MIRAR ALREDEDOR

Después, cuando vaya a la casa de sus amigos o de su familia, o de gente que no conoce tan bien, tómese tiempo
para mirar a su alrededor. ¿Hay algo especial en la forma
de colocar los muebles que le gusta? ¿Hay algo especial en
la forma de colocar una cortina o poner una alfombra delante de la chimenea o bajo la mesa? ¿Hay un mueble en

concreto que le gusta, o es una lámpara, el papel pintado o la pintura de la pared?

Anote mentalmente lo que le gusta y lo que no. Déjese guiar por su curiosidad y pregunte sobre las cosas que le gustan. Si puede, tome notas, y si no, intente acordarse para hacerlo cuando tenga un momento.

Buscar habitaciones en exposición

La imaginación puede saciarse en habitaciones piloto creadas por grandes almacenes o exposiciones de decoradores. Existen casas en exposición concebidas y decoradas para recaudar fondos para organizaciones benéficas, sobre todo durante la primavera y el verano. La entrada puede parecer abusiva, pero reunirá un catálogo lleno de ideas a la vez que ayuda a una causa justa.

Como quieren demostrar su creatividad y atraer a nuevos clientes, los decoradores no suelen ponerse barreras en estas casas. No hay ningún cliente y por eso aprovechan la oportunidad para experimentar con nuevos materiales y nuevas ideas, ideas que usted puede llevarse junto con el catálogo de la exposición.

HACER UNA LISTA DE DESEOS

La imaginación es un aliado maravilloso en la búsqueda de lo que le hace sentirse como en casa. Un sueño o una lista de deseos suele conducir a ideas originales y maravillosas que pueden ajustarse a su presupuesto.

Aproveche todas las oportunidades para conocer las nuevas tendencias del mundo de la decoración, aunque le parezca pretencioso o fuera de sus posibilidades. Si no lo ha hecho ya, observe con más atención las casas de las películas. Cuando vaya al quiosco hojee o compre alguna de las revistas de decoración que muestran habitaciones bonitas y casas bien diseñadas. Algunas de estas revistas se centran a veces en aspectos particulares del diseño; pueden tener por ejemplo alguna sección especial sobre tratamiento de ventanas o técnicas de pintura o papel pintado. Busque publicaciones especializadas para conocer algo más sobre un tema en particular, por ejemplo decoración y bricolaje, proyectos de reforma o ideas sobre decoración rústica. Por último, no olvide buscar en las secciones especiales que suelen aparecer semanalmente en los periódicos.

HACER UN ARCHIVO DE RECORTES

Haga un archivo de recortes para utilizarlo junto con su diario. Lo mejor es un archivador de fuelle porque puede organizar los recortes dedicando una división para cada habitación y otras para el exterior y el jardín, si tiene. Cuando encuentre una foto de una habitación o un detalle que le guste en una revista o un periódico, recórtelo y archívelo en su lugar.

Si quiere tener información específica sobre ciertos objetos de esa habitación, busque en el listado de productos al final de la revista según el título del artículo y la página y compruebe si se describen allí los objetos que le interesan. Si los encuentra, recorte también esa información y grápela a la foto para referencias posteriores. Algunas revistas tienen además una lista alfabética de las direcciones de los fabricantes que muestran sus productos. Quizá también le sea útil señalar las direcciones importantes y guardar esta lista junto con la fotografía.

Hacer fotocopias

Si no quiere comprar ninguna de las revistas que ve y no le importan las fotografías en blanco y negro, puede fotocopiar las páginas que le interesan de las revistas periódicas de los diarios en la biblioteca local.

Cuando esté en la biblioteca no olvide mirar en la sección dedicada al diseño y la decoración. Si hojea un libro y ve habitaciones que le gusten, no olvide fotocopiarlas también. Algunos de estos libros tienen directorios completos al final. Es buena idea fotocopiarlos también para que le ayuden a buscar objetos específicos que no puede obtener en su localidad.

Encontrar la pauta

Cuando empiece a revisar las notas de su diario y a repasar los recortes del archivador, probablemente descubrirá que empieza a verse la pauta que reflejan sus gustos.

Saque los recortes y extiéndalos sobre una mesa o en el suelo. ¿Qué hay de común en las habitaciones que ha recortado? ¿Hay elementos u objetos que se repiten? ¿Los tonos de color, quizá? ¿La forma de distribuir el mobiliario? ¿El tratamiento de las ventanas? ¿O simplemente el carácter?

En los capítulos siguientes traduciremos esas pautas que han aparecido en su imaginación, sus notas y sus recortes a una casa que le guste y en la que pueda sentirse cómodo.

UNA PISTA IMPORTANTE: SU FORMA DE VESTIR

¿Cómo se viste para presentarse ante su familia, sus amigos y sus compañeros de trabajo? Como nos enseñan a vestirnos mucho antes de que tengamos la oportunidad de decorar una habitación o una casa entera, ya tenemos mucha práctica en combinar colores y ropa que nos gusta y sentirnos «como en casa» con nosotros mismos frente al mundo. Cuando nos llegue el momento de «vestir» o decorar nuestra propia casa, probablemente ya habremos probado montones de «personalidades» distintas en el vestir para elegir el estilo que nos caracteriza.

Estilos en el vestir

¿Qué estilo de ropa le va más? ¿Romántica, de sastre, clásica, exótica, informal? ¿Elige usted siempre el mismo tipo de ropa o le gusta vestirse de distintas formas y experimentar con tipos de ropa diferentes que reflejen su humor ese día?

Hay personas que se visten de forma completamente distinta a cómo viven porque deben estar de cara al público; es el caso de muchos diseñadores de moda, que trabajan todo el día con colores vivos y formas variadas para después optar por tonos monocromáticos y lugares relajantes y neutros en su casa. Por el contrario, a otras personas les gusta convertir su espacio privado en un «teatro para vivir», en el que cambian de «escenario» tantas veces como de ropa.

COLOR Y PERSONALIDAD

Los colores han sido relacionados con el carácter y el humor y hay estudios que demuestran que las diferentes personalidades tienden a utilizar combinaciones de color específicas. Las personas abiertas y positivas parecen preferir colores puros y fuertes como por ejemplo el rojo carmín, los verdes manzana y los naranjas brillantes; los soñadores introvertidos tienden a los tonos grises o suaves como por ejemplo los verdes grisáceos, los rosados o los lilas; los amantes de lo dramático suelen elegir un vestuario negro acentuado con colores metálicos, en especial plateado o cromo.

La relación entre los colores y las estaciones

Algunos estudios de la llamada New Age han relacionado la personalidad y los colores con las estaciones. En estos análisis la relación se establece con la siguiente fórmula: personalidad fuerte/invierno = colores grises y tonos fríos; personalidad suave/primavera = colores pálidos y tonos románticos; personalidad radiante/verano = colores fuertes y brillantes; personalidad triste/otoño = tonos profundos y oscuros. En otras palabras, una personalidad abierta podría clasificarse como de verano, y un soñador como de primavera.

En los años noventa los colores son claros y definidos en intensidad y tonalidad. Es posible que prefiera lo pálido a lo fuerte, el tono que apenas se percibe al que resulta rotundo, pero de cualquier modo en esta época será un color obvio y definido, nunca sombrío ni pardusco.

El «arco iris» de los colores

Todos los colores que existen están basados en los seis tonos del arco iris. Estos seis tonos se dividen en tres colores primarios puros –rojo, amarillo y azul– y sus complementarios o secundarios, formados por parejas de los anteriores: naranja (rojo y amarillo), verde (amarillo y azul) y morado (azul y rojo). Estos colores varían de tonalidad o intensidad según la cantidad de blanco que se les añada para hacerlos más pálidos o de negro para oscurecerlos.

Las familias de color

Observe los siguientes grupos de colores. ¿Cuál se puede aplicar a su gusto en la ropa? ¿Tiene la sensación de que se pueden aplicar los mismos tipos de colores a su gusto en la decoración? Piénselo.

22

Tonos naturales/terrosos: marrón, rojizo herrumbre, siena rojizo, rojo bermejo, ocre, dorado, verde caqui, verde aceituna.

Tonos desérticos/polvorientos: amarillo tierra, amarillo concha, rosado, verde grisáceo, gris pardo oscuro, azul pizarra.

Tonos románticos/pálidos: lila, violeta, rosa pálido, rojo coral, azul agua, azul celeste, verde pálido, verde mar, verde apio, blanco marfil, blanco crudo.

Tonos tropicales/intensos: rosa intenso, azul turquesa, naranja mandarina, amarillo limón, rojo bermellón, azul real.

Tonos exóticos/brillantes: magenta, verde pálido, púrpura, verde manzana, azul lapislázuli.

Tonos de piedra preciosa: rojo castaño, rojo arándano, azul verdoso oscuro, ámbar, azul marino, morado.

Tonos antiguos/grisáceos: rojo corinto, azul ahumado, amarillo mostaza.

Tonos monocromos: negro, blanco.

Tonos neutros: beige, gris.

Sensaciones relacionadas con el color

Por la forma en la que se agrupan los colores anteriores se aprecia que algunos producen naturalmente una sensación agradable y cálida, mientras que otros son más abiertos y alegres. En otras palabras, un rojo bermellón o un naranja parecerá que le abrazan en un cálido brillo mientras que un azul agua pálido o un verde pálido le ayudarán a relajarse.

¿Qué ambiente prefiere? ¿Le recuerda este ambiente a la forma de vestir que le inspira y le divierte? Recuerde que se sentirá más cómodo en casa si tiene estas pautas presentes a la hora de elegir la pintura, las tapicerías y los papeles pintados.

Utilizar las cartas de color

Existen literalmente miles de colores para elegir. Si entra en una tienda de pintura o de bricolaje le enseñarán cientos de tarjetas del tamaño de un marcador de libros llamadas cartas de color. Estas cartas están hechas por el fabricante; es decir, cada fabricante de pintura imprime su propia gama de colores en estas cartas. Esto se hace por motivos prácticos: la tienda no puede disponer de botes de pintura de todos los colores. El color que usted elija debe mezclarse. Cada color tiene un porcentaje de mezcla de colores puros (azul, rojo, amarillo, negro) y blanco. Los colores se reúnen en grupos de cuatro o seis en cada tarjeta en una escala que va del claro al oscuro. Cada tarjeta tiene un código escrito detrás que indica a la tienda cómo mezclar los colores para obtener esa muestra.

Hablaremos más del color en el capítulo sobre paredes y techos. Por el momento las cartas de color, que puede conseguir sin problemas, nos ofrecen mejor ayuda. Utilícelas para encontrar colores que se complementen o que contrasten.

Si quiere ver muchos colores antes de decidirse, puede pedir un muestrario de colores. Es como un libro estrecho que muestra todas las cartas de color que ofrece una compañía de pinturas. El muestrario se abre como un abanico para poder ver todos los colores a la vez.

Algunos de los colores más solicitados, como por ejemplo los blancos, están ya impresos en tarjetas. Suelen ser muestras gratuitas y muchas veces están en el mismo mostrador para que las coja el cliente sin tener que pedírselas al vendedor.

Colores dominantes y complementarios

Tal vez ya haya descubierto que siempre elige el mismo color o grupo de colores, una y otra vez, y que también, a veces, se siente atraído por otro u otros, completamente distintos, aunque con menos frecuencia. Piense en estos colores como dominantes y complementarios.

¿Son sus colores dominantes aquellos con los que suele vestirse la mayoría de las veces? ¿O simplemente son colores que le hacen sentirse cómodo instintivamente?

Tómese tiempo para considerar los colores

Como el color es clave tanto para su personalidad como para la decoración, intente tener en la mente los colores que más le gustan durante bastante tiempo, al igual que haría con el sabor de su receta favorita o el olor de un perfume. Se sentirá más seguro de sus decisiones si no se apresura. Confíe en su instinto y modérelo con la reflexión.

SUS PERTENENCIAS ACTUALES

Lo normal es que no empiece completamente de cero cuando se mude y empiece a decorar una casa. Aunque ésta vaya a ser su primera casa, probablemente ya tenga algunos muebles y objetos de su habitación infantil, la de su colegio mayor, algo del desván de la abuela, etc. Estos objetos son sus pertenencias actuales.

Sacar partido a sus pertenencias

¿Qué pretende hacer con estas cosas? ¿Quedárselas todas? ¿Seleccionarlas y deshacerse de algunas? Éste es el momento de mirar lo que tiene y decidir de qué puede prescindir. Quizá descubra que mantiene algo sin otra razón particular que la de «lo tengo desde hace mucho». O quizá ese objeto tiene para usted un gran valor sentimental y no puede desprenderse de él. Sobre todo cuando se empieza, a lo mejor ese mueble en particular es todo lo que va a tener de momento, hasta que pueda permitirse reemplazarlo.

RITUALES Y RUTINAS

Lo que hace a diario también afecta en gran medida a la forma de decorar su casa. ¿Es usted madrugador o trasnochador? Si es así a lo mejor necesita un lugar apartado para trabajar sin molestar a los restantes habitantes de la casa.

¿Suele tener invitados a menudo en reuniones formales? Entonces es importante para usted tener un comedor separado de las zonas de estar del resto de la casa. ¿Tarda mucho tiempo en arreglarse? En caso de que comparta el dormitorio y el baño con alguien le resultará útil poner dos lavabos en el baño o dejar espacio para un tocador en el dormitorio, si es posible.

Hacer que todos se sientan en casa

Éste es un punto importante. Para poder sentirse en casa debe estar seguro de que todos los demás también se sienten en casa. Se debe consultar a todos los miembros de la familia, si los hay, acerca del diseño y la decoración tanto de sus propias habitaciones como de los lugares comunes.

Aunque ésta sea su casa también los familiares o los invitados y amigos deben sentirse en casa cuando vienen a visitarle. Asegúrese de tener asientos para todos, aunque sólo sea un par de banquetas a mano para los amigos y una silla de respaldo rígido para un familiar mayor que puede tener dificultades a la hora de levantarse del sofá.

Público o privado

Los temas que más discusiones producen al decorar una casa son los que se refieren a la privacidad. Tradicionalmente las casas estaban claramente divididas en dos zonas: pública y privada. Hoy en día las casas son cada vez más compactas y la función de cada habitación no está tan claramente definida como a finales del siglo pasado.

En las casas más modernas muchos arquitectos y constructores diseñan las habitaciones como espacios multifuncionales en los que se designan ciertas áreas para actividades específicas. Así, una cocina puede incluir una zona de desayuno, un comedor o incluso una zona de trabajo, una sala de estar puede convertirse en una zona de entretenimiento, o un cuarto de juego puede servir tanto para zona de estudio como para habitación de invitados.

El lugar donde ocurren las cosas

¿Dónde le gusta hacer ciertas cosas? Por ejemplo, ¿dónde prefiere relajarse? ¿Dónde le gusta leer, ver la televisión o escuchar música? ¿Dónde quiere recibir a los amigos o a la familia? ¿Dónde quiere que sus hijos hagan sus deberes?

Si le gusta pasar algún tiempo solo, alejado del bullicio, será bueno que se reserve una zona para usted, aunque sólo sea una butaca cómoda en la esquina de una habitación. Si necesita tener un despacho en casa elija una zona donde pueda trabajar sin distracciones. ¿Quiere poder cerrar la puerta sin tener que recoger su trabajo o puede dejarlo en cualquier sitio sin que a nadie le moleste?

¿Necesita espacio para sus ejercicios diarios o para los aparatos de gimnasia? ¿Necesita un espacio específico para desarrollar un hobby o una afición?

Y lo que es más importante, ¿dónde y cómo le gusta relajarse cuando está solo? ¿En el sofá? ¿En su butaca favorita? ¿En la cama? ¿En la bañera?

Pensar en la privacidad

Si quiere lea cada una de las categorías de la lista que aparece a continuación y decida cuál se ajusta mejor a usted. Céntrese en aquellas que reflejan mejor sus deseos personales. Decida cuáles tienen prioridad para usted y cuáles no le importan nada. Al evaluar sus respuestas se dará cuenta de qué zonas de su casa le son más importantes.

El resto de los miembros de su familia, si comparte su casa con más gente, pueden hacerlo después. Compare las respuestas y discuta los compromisos que habrá que hacer para que todos se sientan cómodos en la casa.

Las palabras *público* y *privado* están en la lista porque cada actividad puede significar una cosa distinta para cada persona. Por ejemplo, ver la televisión o escuchar música puede ser una forma de entretenimiento en grupo para unos y una actividad que se realiza en solitario para otros, o también algo que se hace a veces en privado y otras en público.

	PRIVADO	PÚBLICO
Relajarse		
Conversar		
Ver la televisión		
Alquilar vídeos		
Escuchar música		
Jugar a las cartas		
Otros		

Leer

Periódicos
Revistas
Semanarios
Libros de tapa dura
Libros de bolsillo

Considerar las colecciones

Otro asunto que puede producir discusiones es la exposición de colecciones. ¿Cómo y dónde quiere exponer su colección de arte y/o sus fotografías? ¿Dónde quiere guardar sus libros, discos compactos, cintas y vídeos? ¿Tienen todos los miembros de la familia una colección o un hobby que debe ser respetado y exige un sitio adecuado?

Algunas colecciones tienen lugares naturales de exposición: la familia de muñecos de peluche de un niño se acomoda perfectamente en las baldas de su habitación; la colección de teteras o la vajilla tienen su sitio apropiado en un aparador de la cocina o en el comedor. Pero ¿qué ocurre con las cosas que se resisten a una definición clara y se saltan las fronteras, como por ejemplo una colección de trofeos del colegio o los premios recogidos en los concursos de caballos o en las ferias locales de su infancia? ¿Y las fotografías antiguas? ¿Los libros antiguos? ¿Los recuerdos de distintos viajes? ¿Los recuerdos sentimentales heredados de familiares?

Valorar las colecciones

Mire la lista que aparece a continuación y piense en lo que quiere hacer con los objetos que aprecia. Si comparte su casa con más gente, ¿debe guardar algunos de esos objetos por seguridad? Analice uno por uno los grupos de objetos que cada persona traerá a la nueva casa. Para unos serán colecciones y para otros trastos. No se deben herir los sentimientos de nadie, pero la casa debe ser cómoda y fácil de cuidar.

CONSIDERAR COLECCIONES

- ♦ Objetos de arte
- ♦ Fotografías de la familia
- ♦ Álbumes de fotos
- ♦ Trofeos y/o recuerdos
- ♦ Equipos de deporte
- ♦ Libros
- ♦ Discos compactos y/o cintas
- ♦ Vídeos
- ♦ Recuerdos de viajes
- ♦ Vajillas o cristalerías
- ♦ Otros

REUNIONES SOCIALES

Hay personas que reciben a montones de amigos en muchas ocasiones mientras que otras prefieren la compañía de algún amigo íntimo de vez en cuando. Muchos, por supuesto, se encuentran en algún punto intermedio entre los dos extremos.

Analice los tipos de reuniones que se nombran a continuación y decida cuál se acomoda mejor a su estilo de vida. Es evidente que se necesita muy poco espacio para recibir a un amigo y algo más si lo que le gusta es dar grandes fiestas. El espacio, por supuesto, puede agrandarse moviendo los muebles de una habitación. Decida lo que más le conviene y téngalo en cuenta a la hora de decorar su casa.

ENTRETENIMIENTO	LUGAR	FRECUENCIA
Reuniones íntimas		
Cenas		
Reuniones informales		
Cócteles		
Barbacoas		
Picnics		
Comidas		
Meriendas		
Otros		

Reuniones sociales: dónde y cuándo

El lugar y la forma en que le gusta recibir a sus amigos determinará la forma de distribuir el mobiliario en las zonas públicas de su casa. ¿Le gusta tener a sus amigos alrededor mientras cocina o prefiere mantener la cocina separada del comedor?

Si le gusta invitar a cenar a sus amigos, ¿dispone de suficiente espacio para tener una mesa grande abierta permanentemente, o debe abrir una de hojas abatibles de otro sitio? ¿Dónde va a tener las sillas? ¿Le gusta tomarse el café sentado a la mesa o suele pasar a la sala de estar cuando ha terminado de comer?

¿Hace cenas tipo buffet, aunque sea un grupo pequeño de personas? ¿Dónde se sientan en ese caso? ¿En el suelo? ¿Con qué frecuencia hace fiestas con muchos invitados?

ANIMALES Y PLANTAS

Si va a compartir su casa con un perro o un gato, hámsters u otros roedores en jaula, pájaros, peces o plantas y árboles en macetas, tendrá que considerar la forma y el lugar en el que van a estar. ¿Dónde va a colocar la caja del gato? ¿Dónde estará la jaula del hámster o la pecera? ¿Dónde va a guardar la comida de su perro? ¿Cómo va a regar las plantas? ¿Va a necesitar una zona con mayor humedad que el resto de la casa, o con mayor o menor luz, para mantener la salud y el equilibrio vital de sus plantas?

ENTENDERSE A SÍ MISMO Y SU ESPACIO

Al reflexionar sobre las cuestiones anteriores debe llegar a entender mejor qué quiere en su nueva casa y cómo se va a sentir más cómodo en ella.

Si ha **utilizado su** diario para anotar sus reacciones ante las categorías de las que hemos hablado anteriormente, ahora debe reflexionar con más profundidad sobre ellas. ¿Qué le sorprende más de sus notas? ¿Cómo se siente ante ellas?

El paso siguiente es valorar el espacio concreto de que dispone. Hay trucos del oficio que le ayudarán a decidir dónde colocar todas sus cosas y tener todavía espacio libre. En el siguiente capítulo trataremos el espacio.

EN RESUMEN

❖ Un diario de la casa es una herramienta muy útil: como agenda o como cuaderno de notas. Le servirá para centrar sus ideas sobre cómo quiere vivir y para recordar lo que hace y lo que compra para su nueva casa.

❖ Rememorar las habitaciones y los muebles que le gustaban cuando era niño puede inspirarle planos de distribución y pautas de decoración para su nueva casa.

❖ Apunte las distribuciones de habitaciones y mobiliario que le hayan gustado y las que no cuando ha ido a casas de familiares o amigos. Busque fotografías de habitaciones y casas en revistas e ideas en las exposiciones de decoración de grandes almacenes e interioristas.

❖ Déjese llevar por la imaginación. Con ciertos arreglos los deseos pueden hacerse realidad.

❖ Hágase un archivo de recortes que le ayude a tomar decisiones.

❖ Su estilo en el vestir, ya sea romántico o clásico, puede trasladarse al estilo de una casa que refleje su personalidad.

❖ Los colores —en especial los tonos estacionales— son indicios de la personalidad. Su color favorito suele dominar; el resto se utiliza como complemento. Las combinaciones de color que elija serán la base de su esquema decorativo.

❖ Su rutina diaria influirá en la forma de distribuir las habitaciones. El tiempo que pasa solo o con otras personas también tendrá importancia en la decoración.

❖ Planee espacios de almacenamiento o exposición con antelación teniendo en cuenta sus aficiones.

❖ No olvide los animales y las plantas.

2. PLANIFICAR EL ESPACIO

Una casa o un piso es simplemente una serie de cajas interrelacionadas. Cada caja, o habitación, tiene seis caras o superficies: cuatro paredes, un techo y un suelo. Las paredes están interrumpidas por ventanas y puertas. Además pueden estar adornadas con detalles arquitectónicos de obra.

Cuando nos mudamos a una casa nueva solemos dar las habitaciones por hechas. En otras palabras, no nos cuestionamos el diseño de las habitaciones a menos que tomemos parte activa en su construcción o reforma. El aspecto de las habitaciones, su interconexión y su tamaño afectan a nuestras sensaciones en ellas, seamos o no conscientes de ello.

MUDARSE

Cuando la mayoría de la gente se muda a una casa nueva deja que decidan los hombres de la compañía de mudanzas dónde es más conveniente colocar los muebles por el momento, y después se quejan de no estar cómodos. Se resignan a su situación y creen que no tiene solución. Si tienen ganas tal vez un día cambien unas cuantas cosas pero no terminan de arreglar la situación, o al menos eso creen.

¿Por qué? Porque antes de considerar la decoración de su casa debe empezar por entender su funcionamiento. Su casa se define y se resume en su arquitectura, su diseño. En este capítulo analizaremos los distintos aspectos del diseño y hablaremos de cómo dibujar un buen plano de distribución como base para la decoración posterior.

CONSIDERAR EL ESPACIO Y LA LUZ

¿Qué le hizo decidirse a vivir en este lugar en particular en vez de en otro?

Cuando busca un lugar para vivir confía tanto en el sentido común como en el instinto. Su sentido común valorará la casa en términos de localización (¿está cerca de su trabajo, del colegio de los niños, de su lugar habitual de actividades?) mientras que su instinto, la reacción de su estómago, le dirá si ese lugar le da «buenas vibraciones».

Es difícil describir las «vibraciones», pero usted las reconocerá cuando las tenga. Normalmente las «vibraciones» nos revelan la sensación que nos produce un lugar. La luz también afecta al espacio. Para mucha gente un espacio lleno de luz da buenas vibraciones mientras que un espacio oscuro produce tristeza. En cambio para otros este último puede resultar más acogedor.

CÓMO OBSERVAR UN ESPACIO VACÍO

La primera vez que se muda a una casa, o incluso antes si es posible, intente pasar algún rato en las habitaciones vacías, porque la primera consideración que debe hacer antes de colocar un solo mueble o elegir un color para la pintura es: ¿qué sensación tengo en esta casa en cuanto al espacio y la luz? Piense en ello como cuando se prueba la ropa para comprobar la talla. ¿Cómo «me encaja» cada habitación? ¿«Sienta bien» a mi alrededor?

¿Le gusta el tamaño de las habitaciones? ¿Le gusta cómo se unen las unas con las otras? ¿Puede moverse con facilidad de una zona a otra y al jardín, si lo hay?

¿Cuál es la orientación de cada habitación con respecto al sol? ¿Dónde da el sol por la mañana y dónde por la tarde? ¿Tiene vistas? ¿Y patio? ¿Hay vecinos cerca?

Estados alterados

Todos estos factores afectan a la reacción instintiva y a la percepción subliminal que tenemos del lugar. Es importante que el diseño y la decoración de su casa resalte los aspectos positivos del espacio y disimule los negativos para que las «vibraciones» que produzca sean siempre buenas. Usted querrá que todo el que entre en su casa tenga sensación de comodidad y bienestar. ¿Y cómo se consigue esto?

DIBUJAR UN PLANO DE DISTRIBUCIÓN

Lo primero y lo más importante que debe hacer es crear un buen esquema de diseño para el espacio. Un plano de distribución es esencial para diseñar la decoración de su casa en relación con la sensación de comodidad que le puede brindar. El plano de distribución toma la estructura tridimensional de una habitación, su proporción y su forma, y la traslada a un plano bidimensional que relaciona el mobiliario con el espacio.

Sin un plano de distribución parecerá que ha colocado los muebles sin ninguna lógica. El plano le enseñará cómo puede distribuirse el mobiliario y cómo funciona el movimiento según las vías invisibles que se establezcan entre los muebles y de una habitación a otra. Además estos planos son muy útiles para situar la iluminación.

Un esfuerzo provechoso

Si todavía no ha decidido cómo quiere organizar sus pertenencias, el plano de distribución podrá serle muy provechoso.

Se tarda poco tiempo en dibujar un plano de distribución pero el esfuerzo merece siempre la pena. Además de establecer un esquema básico de diseño, podrá evitar errores muy caros, como por ejemplo comprar un mueble –como un sofá grande o un armario– que no quepa por una puerta de tamaño estándar o que no pueda girar por el hueco de la escalera.

Planear las habitaciones

No es necesario hacer planos detallados de todas las habitaciones sino *sólo* de aquellas que van a tener muebles complicados. Si no tiene ganas de hacer un plano de cada habitación no se preocupe. La cocina y los baños, por ejemplo, suelen estar ya decorados y la habitación de invitados, si la hay, o la del niño no tienen que estar completamente decoradas desde el primer día.

En otras palabras, no se complique mucho. Haga planos sólo de aquellas habitaciones que no estén claras o que tengan más de una posibilidad. En algunos casos es la propia habitación la que le dicta qué hacer; si las paredes están interrumpidas por muchas ventanas o puertas, si tiene una chimenea muy grande o muchas estanterías de obra, se verá obligado a colocar los muebles de manera que no choquen con estos elementos.

HACER UN BORRADOR

Antes de hacer el plano definitivo es conveniente hacer un borrador rápido de la habitación. El borrador sirve para establecer las líneas principales de la habitación. Cuando está hecho es más fácil ver el espacio del que se dispone y los obstáculos que se deben evitar.

Dibujar un borrador de una habitación vacía o amueblada

Evidentemente es mucho más fácil medir y dibujar el borrador de una habitación cuando está vacía que cuando está amueblada, así que debe intentar hacerlo *antes* de mudarse a la casa. Es más fácil entender un espacio cuando está vacío y también es mejor hacer variaciones del mobiliario sobre el papel. Los muebles grandes son muy difíciles de mover una vez colocados.

La importancia de las pruebas

Hacer varias pruebas sobre el papel resulta de gran ayuda porque no se tiene la sensación de estar cometiendo errores irreversibles. Saque varias fotocopias de la habitación vacía para no tener que borrar ninguna de sus pruebas.

El plano final debe partir de la versión más completa y cómoda que haya surgido en los borradores para después trabajar sobre ella y obtener una idea ajustada de la situación de cada uno de los elementos en la habitación.

Papel cuadriculado

Todo lo que necesita para hacer los borradores y el plano final es papel cuadriculado, que se vende en cualquier papelería. La cuadrícula está impresa en azul claro o amarillo sobre blanco. Estos colores son fáciles para trabajar porque no interfieren con las líneas del lápiz.

El papel cuadriculado más conveniente es el que tiene un cuadrado con un milímetro de lado, llamado milimetrado. Tiene además una raya diferenciada para cada centímetro. Esta configuración corresponde a la escala estándar 1:50, la más utilizada por decoradores y arquitectos cuando dibujan planos para clientes.

Se pueden encontrar hojas de papel cuadriculado grandes, hasta de tamaño DIN A2 pero los cuadernos normales vienen en el tamaño normal del folio DIN A4. Este formato tiene 21 x 29 cm, más que suficiente para dibujar una habitación de tamaño normal. (¡Hay muy pocos que vivan en habitaciones de 10 x 15 metros!)

Material necesario

Necesitará también una regla, preferentemente de metal, de 50 cm, un cartabón de plástico transparente de ángulos rectos (45°-45°-90°), lápices con la punta afilada cuyo trazo sea fácil de borrar (2 o 2H) y gomas de borrar.

Si se siente especialmente animado puede comprar un escalímetro y una regla en T. El escalímetro es una regla larga triangular de 30 cm que tiene diferentes escalas en cada uno de sus lados (por ejemplo 1:100, 1:200, 1:300, etc.). Las marcas de cada escala le dicen inmediatamente cuántos metros equivalen a cada centímetro. Esta regla es conveniente cuando es necesario dibujar un plano que no se ajusta a la escala 1:50 habitual.

La regla en T, de metal o de madera y plástico, se llama así porque tiene la forma de esa letra. Forma un ángulo recto entre los bordes del papel. Se suele utilizar también como base para colocar el cartabón y dibujar líneas rectas paralelas.

Necesitará también una cinta métrica larga o una regla de carpintero para medir la habitación. Ambas se pueden comprar en una ferretería de barrio o en una tienda de bricolaje.

Cuaderno y lápiz

También necesitará una libreta y un lápiz para apuntar las medidas y anotar las peculiaridades de la habitación. Puede guardar estas anotaciones en el archivador de los recortes como punto de referencia adicional.

Medir las paredes

La función primordial del borrador es establecer las dimensiones básicas de una habitación. ¿Cuánto mide cada pared? ¿Cuántos metros cuadrados mide en total? Es muy fácil calcularlo. Empiece en una esquina de la habitación que va a dibujar y lleve la cinta métrica por el suelo hasta la siguiente esquina a lo largo de la pared. Anote la medida en la libreta.

Centímetros y metros

Como las cinta métricas suelen estar en centímetros, es más fácil anotar primero la medida en esa unidad. Una vez terminada la medición pueden pasarse los centímetros a metros dividiendo por cien.

Por el momento no se preocupe por los rodapiés, aunque supongan un centímetro o dos de menos en la pared. Ahora debe desechar toda obstrucción, como por ejemplo el saliente de una esquina (espacio que normalmente oculta las tuberías de la calefacción o del agua) o cualquier otro elemento especial. Recuerde que sólo es un borrador. Repita el proceso hasta medir todas las paredes.

Dibujar el borrador

Una vez terminadas todas las mediciones, haga un primer boceto del perímetro de la habitación en el papel cuadriculado, dejando por ejemplo un centímetro para cada metro. ¿Empieza ya a ver la forma de la habitación?

Si la medida de una pared no es exacta, es decir, no salen metros justos, cuente los milímetros del papel como fracciones y añádales los que necesite hasta la medida correspondiente. Si la pared mide 3,20 metros, por ejemplo, a escala 1:50 dibuje una línea de seis centímetros y cuatro milímetros más.

Si la habitación es pequeña es preferible agrandar la escala, por ejemplo a 1:20.

Desarrollar el borrador

Ahora vuelva a medir las paredes, pero esta vez hasta cualquier obstáculo que se encuentre, como un saliente en la pared, una estantería de obra o una abertura (una puerta o una ventana). Anote la medida. Luego mida lo que ocupa este elemento y anótelo también.

Cuando llegue a cada obstrucción, dibuje su forma y su posición en el borrador de la habitación y marque el principio y el final de cada elemento con una línea. Continúe así por todo el perímetro de la habitación hasta que haya marcado todas las obstrucciones que haya en las paredes.

Tenga siempre las medidas a mano para dibujarlas en el plano definitivo. También puede anotarlas en el borrador para mayor comodidad.

DIBUJAR EL PLANO DE DISTRIBUCIÓN DEFINITIVO

El plano de distribución definitivo sale del borrador. Éste proporciona el perímetro básico de la habitación, pero ahora debe comprobar las medidas con exactitud para tener las dimensiones correctas del espacio.

Precisión

¿Por qué es necesaria la precisión? Porque muchos elementos de la decoración dependen de la exactitud de las mediciones. El papel pintado, por ejemplo, debe unirse con precisión en los cortes; un mueble debe poder entrar por una puerta, girar en una esquina de la escalera o encajar entre dos ventanas, dos librerías o dos camas, o tal vez entrar en una hornacina.

Los arquitectos y decoradores miden incluso con mayor precisión de lo que usted lo hará. Se requieren medidas exactas para elementos como por ejemplo los armarios que se revisten a la medida, o detalles arquitectónicos como las cornisas del techo (molduras que se colocan en el techo siguiendo la línea de las paredes) o las molduras de las paredes (que se colocan en la pared a la altura del respaldo de una silla).

Comprobar las medidas

Empiece de nuevo por una esquina de la habitación. Utilice la cinta métrica o extienda la regla de carpintero. Ahora va a comprobar las medidas anteriores pero esta vez se asegurará de hacerlo con precisión.

Cuando pase estas mediciones al plano de distribución definitivo ponga las medidas exactas, no aproximadas. Mida *todo* lo que se encuentre, incluyendo las distancias desde y hasta los enchufes e interruptores de la luz. (Tendrá que medir con una regla en vertical la altura a la que están y su posición en horizontal, ya que no se los encontrará a ras del suelo.)

Cuando llegue a una puerta o una ventana mida la anchura del marco por separado. Necesitará conocer la medida del marco cuando decida qué tratamiento va a darle. También es importante saber cuánto marco habrá de pintar, si llega el caso.

47

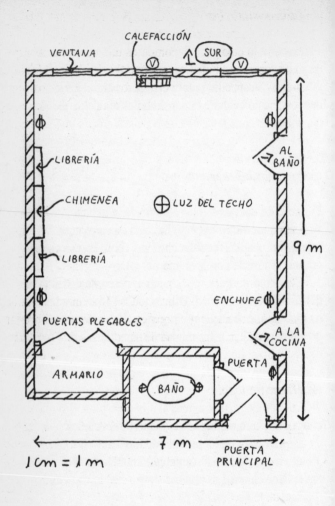

Plano básico de distribución

48

Utilizar símbolos

Los arquitectos y los decoradores utilizan palabras especiales cuando dibujan sus planos. Su vocabulario incluye símbolos específicos para elementos arquitectónicos como ventanas o enchufes. Los símbolos ayudan a señalar cualquier cosa que interfiera en la colocación de un mueble determinado. Por ejemplo, a usted quizás no le importe tener un enchufe detrás del sofá, pero quizás resulte más conveniente moverlo un poco para que el enchufe esté detrás de la mesa auxiliar.

Siguiendo el plano de distribución que mostramos aquí, utilice los símbolos para indicar la posición de las ventanas, las puertas y los enchufes. (También es conveniente anotar dónde está la salida del teléfono y de la antena de televisión porque ambos pueden determinar la colocación de algunos muebles.) Dibuje todos los elementos de obra que encuentre, como chimeneas, hornacinas o librerías, porque afectan a la cantidad de pared disponible que tenga.

Hacer fotocopias

Cuando tenga dibujado el plano de distribución definitivo saque varias fotocopias para poder hacer distintas pruebas de colocación de los muebles. Haga todos los experimentos que quiera. Las pruebas siguen siendo esenciales en esta fase de la decoración.

No se olvide de dar copias a todas las personas de la casa para que ellos también dibujen sus ideas. Le sorprenderá descubrir lo que se les ocurre a los demás. Probar todas las posibilidades de decoración de una habitación es muy divertido y puede producir resultados que a nadie más se le habían ocurrido.

FOTOGRAFIAR EL ESPACIO

Cuando tenga el plano terminado debe seguir recogiendo información de cada habitación para aclarar ideas sobre el espacio tridimensional. Un plano de distribución es básicamente un plano de dónde y cómo está cada cosa sobre el suelo. Es una ilustración bidimensional del lugar donde irá colocado el mobiliario.

Como una imagen vale más que mil palabras, una fotografía le dirá más que el plano del *fondo* sobre el que colocará el mobiliario. Las fotografías le darán la pauta de cómo se relacionan los muebles con las paredes y otros elementos de obra como chimeneas o librerías.

Hacer panorámicas de las paredes

No necesita tener una cámara fotográfica buena para sacar fotos de las paredes; vale cualquier cámara, incluso una de instantáneas. Lo que hay que hacer es una secuencia de fotografías alrededor de las paredes de la habitación. Si puede, aléjese lo más posible de las paredes que fotografía para sacarlas desde el techo al suelo.

Una vez que tenga las fotos, péguelas con cinta adhesiva para crear una panorámica de cada pared. Pegue cada panorámica en el lugar que le corresponde del plano. Puede utilizar un papel de dibujo más grueso para tener mayor estabilidad. Deje un margen ancho para anotar cualquier observación sobre las paredes o para las medidas.

Trabajar sobre una pared en fotografía

La fotografía de una pared resulta útil por varias razones, además de para imaginarse los muebles en una habitación.

Usted tendrá que conocer las dimensiones de cada pared antes de empezar a decorar. El papel pintado o la pintura se calculan según los metros cuadrados de pared que deban pintarse, así que deberá saber la altura y la anchura de cada pared.

La altura de una ventana nos indica la cantidad de tela necesaria para las cortinas, tanto si se las cose usted mismo o las encarga en una tienda, o incluso si las compra ya hechas. De la altura de la ventana y las medidas interiores (o exteriores) dependerá el tamaño de las cortinas, los estores, las persianas o los toldos que vaya a poner.

UNIRLO TODO

Con el borrador y el plano de distribución definitivo, además de las fotos de la habitación, ya tiene toda la información necesaria sobre el espacio y está listo para empezar a tomar decisiones sobre decoración. Al trabajar con los planos se dará cuenta de cómo encaja el mobiliario que tiene y el que quiere comprar. En el próximo capítulo hablaremos de plantillas, que son dibujos en miniatura del mobiliario, y de cómo combinarlas en un plano para crear un ambiente cómodo.

EN RESUMEN

❖ Comprender el espacio vacío y cómo entra la luz en ese espacio le dará pistas sobre las «vibraciones» de su casa nueva y las sensaciones que tiene en cada habitación.

❖ Antes de mudarse camine por las habitaciones vacías y compruebe cuál es la relación entre ellas. Así sabrá por anticipado qué quiere poner en cada habitación.

❖ Dibuje borradores de aquellas habitaciones que parezcan difíciles de amueblar para tener una idea general del espacio del que dispone.

❖ Después de los borradores dibuje planos de distribución definitivos para experimentar con distintas ideas en la situación de los muebles.

❖ Mida con precisión todas las habitaciones y los elementos arquitectónicos que contengan, incluyendo ventanas, puertas y otros elementos de obra como por ejemplo chimeneas, para estar seguro de que caben todos los muebles que quiere poner.

❖ Haga fotocopias de los planos de las habitaciones para que todos los que compartirán la casa con usted puedan dar ideas sobre su decoración.

❖ Fotografíe las habitaciones para verlas con más facilidad, tanto como fondo para sus muebles como para la decoración de paredes y ventanas.

3. COLOCAR LOS MUEBLES

Aunque hablaremos de distintos tipos de muebles en capítulos posteriores, resulta divertido, e importante, pensar en los principios de la decoración cuando todavía estamos decidiendo la distribución de la casa. Podemos descubrir que necesitamos menos muebles de lo que creíamos, o tal vez más. Si ya tenemos decidida la distribución de los muebles podemos ajustar el presupuesto de los que necesitamos comprar nuevos.

DECIDIR LA COLOCACIÓN ANTES DEL TAPIZADO

El tapizado y la pintura (y/o papel pintado) son fundamentales en la decoración y complementan la distribución de los muebles. Sin embargo es bueno tener cierta idea de cómo colocar los muebles en la habitación antes de entrar en otros detalles referentes a la decoración. Esto le ahorrará dinero a la larga, sobre todo si está pensando en invertir en muebles tapizados nuevos. Algunas tapicerías son caras y merece la pena saber cuántos muebles tiene que tapizar para sentirse a gusto con la habitación.

Utilizar plantillas

Una de las mejores formas de determinar la cantidad de muebles que se necesitan es utilizar plantillas sobre el plano de distribución. Las plantillas son hojas parecidas al esténcil con siluetas de muebles. Se pueden encontrar hojas pequeñas de plantillas con los muebles básicos en las papelerías especializadas.

La razón por la que recomendamos trabajar con plantillas es que es mucho más fácil mover las plantillas en el plano de distribución que los muebles en la habitación. Algunos muebles, sobre todo los sofás y las camas, pesan mucho y son voluminosos, así que conviene colocarlos en su lugar definitivo desde el principio.

Hojas de plantillas a escala

La plantilla más normal es la basada en una escala de 1:100 o 1:50, las que le propusimos para dibujar su plano de distribución. Estas plantillas tienen siluetas de muchos tipos de muebles diferentes, incluyendo varias sillas y mesas, un sofá, camas, y elementos especiales como jaulas o dos tipos de pianos. Las dimensiones reales de cada pieza están marcadas en la hoja.

También pueden encontrarse plantillas con formas geométricas simples, como círculos y cuadrados. Pueden resultar útiles si tiene muebles de formas poco comunes, como una mesa redonda o taburetes de bar.

Medir los muebles que ya tiene

Si ya tiene algunos muebles compruebe sus medidas para ver si se ajustan a alguna de las siluetas de las plantillas. Si tiene una mecedora, por ejemplo, sus medidas pueden no coincidir con las de la plantilla. Si se aproximan mucho no importa, pero si son muy distintas puede ser confuso. Las antigüedades o los muebles hechos a medida tienen formas especiales; téngalo también en cuenta.

Dibujar el mobiliario con las plantillas

Una vez decidido el mobiliario que quiere poner en la habitación puede colocarlo en el plano de distribución con las plantillas. Es muy fácil de hacer: dibuje el perímetro de los muebles que quiera de las plantillas en un papel grueso o un cartón y después recorte las formas. No olvide sacar muebles suficientes. Si tiene un juego de sillas, por ejemplo, deberá recortar tantas como tenga. Recorte también algunos muebles de más si va a añadir alguno que no tenga todavía.

Hacer sus propias plantillas

Si no encuentra una plantilla de muebles puede hacerse una usted mismo. Primero mida todos los muebles que quiere colocar en la habitación. Reduzca las dimensiones a la escala 1:100 o 1:50, la misma que haya utilizado para el plano. Dibuje el contorno reducido del mueble en un trozo de papel grueso o de cartulina y recórtelo.

No se complique. No tiene que hacer una réplica exacta del mueble sino sólo algo aproximada.

Guardar las plantillas

Guarde las plantillas en un sobre para no perderlas. Ponga el sobre en el archivador de los recortes. Si quiere decorar más de una habitación, haga muebles diferentes para cada una de ellas.

Jugar con el plano

Las plantillas le ayudarán a decidir el mobiliario que va a necesitar en cada habitación. Si quiere un armario en la habitación, por ejemplo, intente buscarle un sitio antes de comprarlo. También podrá decidir las medidas que debe tener una pieza en particular para ajustarse a un espacio concreto. Los sofás de dos plazas más comunes son de 160 cm; los de tres plazas pueden sobrepasar los 2 m.

Puede ver, por tanto, que las plantillas le ayudarán a colocar muebles reales y potenciales. Así evitará cometer errores cuando compre muebles nuevos o deshacerse de muebles innecesarios si no tienen las medidas o la forma adecuada para la habitación.

REGLAS DEL JUEGO DE LA DECORACIÓN

Cuando la gente se muda a una casa nueva suele amontonar los muebles contra la pared en cada habitación. Así lógicamente se libera el centro de la habitación pero también puede ser desagradable para algunos. Por el contrario, piense en crear pequeños círculos o ambientes acogedores dentro de la habitación. Los círculos, en especial los formados por asientos, favorecen la conversación amigable; nos dan la bienvenida.

Cuanto más acerque a la gente (sin amontonarlos), ya sea en un círculo de asientos en una sala, o alrededor de una mesa, más afectuoso será el ambiente que consiga. Además la habitación o la zona en concreto de la habitación donde se sitúe este círculo será mucho más acogedora.

La sala de estar, por ejemplo

En la sala de estar lo lógico es colocar un sofá contra la pared más larga, pero si tiene una chimenea puede resultar más acogedor poner un par de sofás de dos plazas a cada lado, o uno frente a la chimenea y dos sillones de orejas a los lados, todo ello con una gran mesa de café en el centro.

Si debe colocar el sofá contra una pared ponga un par de otomanes o butacas a los lados para crear un círculo acogedor para la familia o los amigos. Deje también a mano unas cuantas sillas para poder añadirlas al círculo cuando sea necesario.

Coloque primero el mueble más grande

Cuando vaya a amueblar cualquier habitación coloque primero el mueble más grande y siga a partir de ahí. En la sala de estar este elemento puede ser el sofá, la mesa de trabajo, un equipo de entretenimiento que ocupa toda la pared, la librería donde va la televisión o la propia televisión, si es una de esas grandes de pantalla panorámica. Averigüe el espacio que le ocupa ese elemento y cómo debe colocar el resto de los muebles con relación a él.

¿Va a tener dos muebles grandes en la misma habitación? En ese caso debe intentar que no interfieran el uno con el otro. Si los coloca muy cerca, esa zona dará la sensación de estar demasiado llena. La habitación parecerá desequilibrada. Normalmente lo mejor en ese caso es colocar las dos piezas una enfrente de otra. Después mueva las plantillas alrededor para ver qué prueba funciona mejor y qué muebles caben en el espacio libre.

PUNTOS A CONSIDERAR

Los decoradores analizan seis puntos cuando van a amueblar una habitación. Son los siguientes: punto focal, equilibrio, proporción, escala, armonía y comodidad.

El punto focal

Para sentirse atraído inmediatamente hacia una habitación es importante establecer un punto focal. Generalmente es un elemento arquitectónico que atrae la atención en cuanto se entra en la habitación, por ejemplo una chimenea o una vista fabulosa a través de un gran ventanal. Si no existe ningún elemento de interés específico, el mueble más grande se convertirá en el punto focal. Esto funciona sobre todo en el caso de un equipo de entretenimiento, ya que la televisión es un centro de atención evidente. En la habitación principal el punto focal es la cama.

Equilibrio y proporción

Es muy importante la forma en que se relacionan los muebles entre sí. Por eso, el equilibrio y la proporción son fundamentales a la hora de producir una sensación de comodidad y descanso. Si se coloca una mesa alargada y estrecha al lado de una silla grande, por ejemplo, toda la decoración quedará arruinada de golpe. De igual forma, si se colocan sillas pequeñas alrededor de una enorme mesa de comedor toda la habitación quedará extraña.

Intente agrupar los elementos individuales como si fueran parte de un juego. Incluso cuando las dos mesillas de noche no son iguales quedarán mejor a los lados de la cama si son de tamaño similar y no se ven demasiado pequeñas con respecto a la cama.

Escala

El sentido de la escala relaciona el mobiliario con el resto del espacio, al igual que ocurre con las personas. La razón por la que el techo suele estar siempre a 2,60 cm de altura es porque las personas adultas suelen medir aproximadamente entre 1,60 cm y 1,80 cm de media. El mobiliario también queda mejor cuando no es ni demasiado alto ni demasiado bajo con relación al techo, ni muy ancho ni muy estrecho según el tamaño de la habitación.

A los decoradores les gusta jugar con la escala y a veces crean verdaderas teorías visuales cuando se salen de ella. Si hay muy pocos muebles, por ejemplo, el decorador puede aumentar las proporciones del sofá o introducir un armario grande que casi llegue al techo.

Jugar con la escala es un truco difícil de dominar a menos que se sepa muy bien lo que se está haciendo. Los muebles deben quedar correctos dentro de la habitación, tanto individualmente como agrupados, y esto significa que el tamaño debe guardar siempre un equilibrio. Esto es importante sobre todo en las habitaciones infantiles. Los niños, como Ricitos de Oro, notan si los muebles están fuera de escala (especialmente cuando son demasiado grandes) y no les gusta.

Armonía

La armonía es la impresión general que produce la unión de los elementos de una habitación. La armonía consolida de alguna forma los cuatro puntos precedentes. Sin un punto focal, sin equilibrio ni proporción y sin escala no existe armonía.

Comodidad

Por último, la comodidad. Es imprescindible que la habitación funcione como usted quiere en todos los aspectos y en todas las ocasiones. En primer lugar, ¿tienen sitio para sentarse todos los que entran en la habitación ya sea en sofás o en sillas, o incluso en el suelo? ¿Tiene superficies suficientes para poner sus cosas? ¿Llega a la lámpara con facilidad para encenderla o apagarla?

En segundo lugar, ¿es una habitación fácil de limpiar? ¿Puede pasar la aspiradora alrededor de los muebles más grandes? ¿Llega a las ventanas o hay algo que las bloquea? ¿Están las superficies tan llenas de cosas que no se puede limpiar el polvo?

Y por último, ¿se puede mover por la habitación con facilidad?

VÍAS DE PASO

Cuando diseña el plano de distribución y coloca los muebles en una habitación debe tener en cuenta cómo se mueve por ella y cómo accede de ella a otras o a un jardín. No debe haber obstáculos en el camino.

Aunque no sea consciente de ello, siempre que pasa por una habitación crea vías invisibles para atravesarla y para ir de un mueble a otro. Esto es lo que los decoradores llaman vías de paso. Todas las habitaciones tienen al menos una, si no más.

Acceso y salida

Parte de las vías de paso de una habitación están determinadas por las ventanas y las puertas. El acceso y la salida de la habitación deben ser fáciles, y el camino para entrar o salir de ella no debe estar bloqueado, sobre todo en un caso de urgencia. El batiente de la puerta ocupa aproximadamente 90 cm de radio. Si cree que este arco va a impedir la colocación de algún mueble en la habitación puede cambiar la dirección de apertura de la puerta poniendo las bisagras al otro lado del marco o cambiándolas para que abran hacia fuera en lugar de hacia dentro de la habitación.

Además es buena idea dejar libre de obstáculos el espacio de delante de las ventanas para poder abrirlas y cerrarlas sin problemas.

Las vías de paso y los muebles

La forma de colocar y utilizar algunos muebles afectará asimismo al modo de moverse en una habitación. Se debe poder acceder a todos los muebles sin tropezar con nada. Para esto se necesita espacio libre. Por ejemplo para estar cómodo en una mesa de comedor debe dejarse al menos un espacio de 75-90 cm detrás de cada silla de forma que haya sitio para poder levantarse cómodamente, aunque en realidad se deben añadir unos 30 cm más si la silla está ocupada para que cualquiera pueda pasar por detrás sin estrecheces y el que está sentado no tenga que mover la silla y pegarse a la mesa.

En el dormitorio debe dejarse suficiente espacio alrededor de la cama para que pueda hacerse con facilidad. La anchura y el tamaño de las mesillas de noche que elija estarán determinadas con toda probabilidad por el espacio que tiene a los lados de la cama.

Las vías de paso del dormitorio también dan acceso a vestidores y cuartos de baño. Asegúrese de que estos pasos quedan libres de obstáculos sobre todo si comparte el dormitorio con otra persona.

Abrir los cajones

Además debe considerar la situación de los muebles de cajones. Será necesario dejar suficiente espacio para poder abrir los cajones, esto es, entre 75 y 80 cm. Estas medidas valen para los cajones de una mesa de despacho o de un archivo.

MEDIDAS MÁS COMUNES

Batiente de la puerta   90 cm de radio

Vías de paso
    a través de la habitación   90 cm de anchura
    entre los muebles   60-90 cm de anchura
    entre el sofá y la mesa de café 50 cm de anchura

entre las sillas de la mesa del comedor y la pared	75-90 cm de anchura
alrededor de la cama, para hacerla	60 cm a cada lado
Apertura de cajones	75-90 cm hacia fuera

En el momento en que la organización de los muebles esté decidida sobre el plano de distribución ya está todo preparado para hacer la prueba en la casa. De todos modos primero es necesario que todas las habitaciones estén listas. Es mucho más fácil mover muebles en una habitación donde todas las superficies –techo, paredes y suelo– están ya terminadas. En el próximo capítulo estudiaremos la pintura de las paredes y techos y en el siguiente hablaremos de cómo utilizar colgaduras en las paredes. Después trataremos los suelos.

EN RESUMEN

❖ Utilice las plantillas de muebles en el plano para decidir qué distribución es la más cómoda antes de empezar a comprar muebles.

❖ Puede hacerse sus propias plantillas en miniatura con cartulina. Le resultará más práctico hacerse una pequeña colección de miniaturas en lugar de tener que dibujar cada plantilla por separado cada vez que quiere alterar la distribución.

❖ Considere ambientes acogedores o círculos para sentarse. Así favorecerá la convivencia en su sala de estar.

❖ Establezca primero un punto focal en todas las habitaciones.

❖ El equilibrio, la proporción y la escala –el aspecto de los muebles y la relación que establecen entre sí– contribuyen a dar la sensación de una habitación.

❖ Mantenga despejadas las vías de paso para poder moverse con facilidad alrededor y a través de las habitaciones.

❖ No olvide tener en cuenta el espacio que necesita para abrir los cajones y las puertas.

4. PINTAR LAS PAREDES
Y LOS TECHOS

Armado con sus planos, muestrarios, recortes y anotaciones, ya está preparado para empezar a decorar. Antes de meter un solo mueble en la nueva casa (y antes de hacer grandes gastos, si es posible) es bueno crear un fondo limpio y claro para sus cosas. El fondo es el lienzo sobre el que usted dibujará su personalidad; está formado por las paredes, el techo y el suelo de la habitación. Primero estudiaremos el techo y las paredes; más tarde, el suelo.

LA PERFECTA PREPARACIÓN
DE LAS SUPERFICIES ES FUNDAMENTAL

Pintar es fácil; en cambio preparar las paredes y el techo para pintar es una labor lenta y difícil. La pintura no se adhiere bien a una superficie grasienta, sucia o manchada, ni se obtendrá un buen resultado final si se pinta sobre pintura anterior que tiene bolsas, peladuras o agujeros. La pintura es como un cosmético, pero no camuflará las enfermedades de la superficie sobre la que se pinta. Una mano nueva de pintura a veces sólo sirve para acentuar una superficie estropeada. Por eso es fundamental que un profesional le limpie todas las superficies.

Un lugar vacío

Es mucho más fácil limpiar superficies en una habitación vacía. Los muebles ocupan mucho espacio y además las piezas grandes son muy difíciles de mover una vez que se colocan en su sitio. Si alguna vez ha pintado una habitación completamente amueblada seguro que recordará la incomodidad de empujar todos los muebles al centro de la habitación y cubrirlos con telas, además de la constante preocupación de que se dañen en todo el proceso, sobre todo si se tarda varios días en pintar. Por eso intente pintar antes de amueblar, si le es posible. Si no puede es mejor que intente sacar todos los muebles de la habitación o cubrirlos con telas para protegerlos de las gotas de pintura.

La responsabilidad del arrendador

Si está en una vivienda alquilada debe ser el arrendador el que asuma la responsabilidad del acondicionamiento de las superficies antes de la mudanza, incluyendo una nueva mano de pintura. Cualquier reparación o pintura necesaria debe hacerse antes de que usted entre en la vivienda. Si las paredes o el techo necesitan alguna reparación compruebe en su contrato cuáles son las obligaciones del arrendador. Es posible que pueda negociar que se le descuenten del alquiler del primer mes o del depósito los gastos de las reparaciones y la pintura. Como último recurso puede retener los pagos hasta que las superficies cumplan las condiciones descritas en el contrato del alquiler.

Lea el contrato con detenimiento antes de hacer cambios o mejoras por su cuenta. Si quiere pintar las habitaciones de un color que no es el blanco normal quizá deba dejarlas blancas cuando se vaya o pagar una penalización. Hable con el arrendador. Quizá apruebe sus cambios y los mande hacer él mismo. O quizá le autorice a que pinte usted mismo la casa. En ese caso pida su autorización por escrito y guárdela junto con el contrato para evitar discusiones cuando se vaya de la casa.

Valorar los daños

Cuando compra una casa o un piso lo normal es que tenga que reparar las superficies que va a pintar o empapelar, a menos que se mude a una casa completamente nueva.

Lo primero que debe hacer es una inspección a fondo, tanto ocular como con un pequeño punzón y una rasqueta. ¿Hay bolsas o abombamientos que puedan indicar humedades detrás de la pintura o del papel? Si los techos y las paredes están enlucidos de yeso, ¿hay grietas?, y si es el caso, ¿de qué tamaño? ¿Son grietas finas y localizadas o parecen ser profundas, dentadas y muy extendidas? ¿Están agujereadas las paredes o el techo en algún lugar?

Si los techos y las paredes están construidas con placas de escayola, de tipo Pladur, ¿tienen una terminación suave? ¿Sobresalen cabezas de clavos? ¿Se han pelado las uniones del papel pintado? ¿Hay pinchazos o agujeros?

Utilice la rasqueta o el punzón para comprobar la extensión y gravedad de bolsas o grietas.

HACER REPARACIONES USTED MISMO

Si el daño parece leve –sólo pequeños golpes o peladuras de la superficie–, usted mismo puede rascar o pelar los trozos dañados y repararlos con una masilla tapagrietas que se vende para ese fin.

Las grietas finas pueden repararse fácilmente con una cinta de papel especial que se vende en las tiendas de bricolaje. La cinta se pega a la pared con un compuesto especial parecido a la masilla pero más fino.

CUÁNDO DEBE LLAMARSE A UN PROFESIONAL

A veces se pica en un agujero o una grieta en las paredes enyesadas de una casa antigua y se descubre un problema grave. El agujero se hace demasiado grande para rellenarlo con masilla y es necesario enyesar toda la pared.

Si el daño se ha extendido tal vez no deba repararlo usted mismo. Dependiendo de su habilidad para este tipo de tareas puede necesitar la ayuda de un profesional para aplicar la nueva capa de yeso o escayola encima del yeso antiguo antes de empezar a pintar o empapelar.

CUIDADO CON EL PLOMO

Algunas reparaciones están prohibidas por ley. Si la limpieza de la superficie requiere la retirada de una pintura con plomo, por ejemplo, debe hacerlo un profesional. El plomo es peligroso y las leyes regulan la correcta retirada de sustancias con plomo. (Por ley, todas las pinturas nuevas se hacen ya sin plomo, pero las que tienen más de veinte años no cumplen esta normativa. Entonces nadie sabía todavía que el plomo era peligroso para la salud.)

Uno de los peligros más graves de la retirada de pintura es la posibilidad de respirar o tragar partículas de plomo. Lijar pintura antigua es extremadamente peligroso porque el polvo de la pintura inunda el aire de alrededor. También resulta peligroso utilizar disolventes químicos (muchos de ellos son tóxicos) para eliminar la pintura con plomo. Por eso merece la pena llamar a un profesional que conoce estos problemas y sabe retirar los materiales peligrosos.

Si decide retirar pequeños restos de pintura con plomo usted mismo consulte la normativa sobre la eliminación de pinturas de este tipo. Consulte también cómo debe etiquetar los contenedores y dónde debe depositarlos. Si los lleva a un basurero local compruebe que los deja en el lugar que corresponde.

LO PRIMERO ES LA SEGURIDAD

Incluso si va a retirar cantidades muy pequeñas de pintura, asegúrese de utilizar gafas de seguridad para protegerse los ojos, una mascarilla que le cubra la nariz y la boca y guantes de plástico para prevenir cortes en las manos. Todo esto se puede comprar en cualquier tienda de bricolaje o manualidades.

Compruebe que la habitación está convenientemente ventilada y los suelos cubiertos por completo con telas para que no se manchen con polvo, pintura o yeso. Las telas deben pegarse a la base de los rodapiés con cinta adhesiva para que no resbalen.

Un último consejo: nunca fume o encienda una cerilla en una habitación donde haya sustancias químicas que emitan gases tóxicos, tales como disolventes de pintura, trementina o productos inflamables y explosivos.

ELIMINAR LA PINTURA ANTIGUA

Una vez terminadas las reparaciones necesarias y lijadas las zonas a pintar, el resto de la pintura antigua puede dejarse ahí. Para preparar la superficie todo lo que tiene que hacer es lavarla a fondo con un limpiador líquido normal o con una solución al 50% de amoníaco y agua y después aplicar una primera mano de apresto, que es una base líquida acrílica gelatinosa y ligeramente abrasiva al tacto.

Eliminar la pintura antigua del marco de la puerta

Eliminar la pintura es una labor dificultosa porque hay que utilizar disolventes químicos. Muchos de ellos son inflamables y emiten gases muy tóxicos, pero existe una nueva generación de disolventes menos tóxicos y que no emiten gases. Si hay que limpiar una zona grande tal vez sea mejor dejar el trabajo a un profesional, pero si sólo es una zona limitada, como el marco de madera de una puerta, usted mismo puede hacerlo, tomando las precauciones necesarias.

Como hemos dicho antes, utilice siempre ropa protectora. Cúbrase los brazos y las piernas por completo, porque los disolventes queman la piel. Póngase guantes de goma industriales. Cúbrase también la nariz y la boca con una mascarilla protectora y los ojos con unas gafas especiales para ello.

Limite la cantidad de tiempo que está trabajando con los disolventes a una media hora aproximadamente. Descanse y salga fuera de la habitación a respirar aire fresco antes de volver a entrar. Si no lo hace quizá sienta un ligero mareo.

Siga siempre las instrucciones del fabricante para la utilización del producto, al pie de la letra. Asegúrese de que la habitación está ventilada para evitar la acumulación de gases. Limpie y retire los escombros como se ha recomendado anteriormente, de la manera más segura posible y en contenedores bien cerrados y cubiertos. Etiquete el contenedor como residuo tóxico y déjelo en un lugar adecuado.

Una vez que haya retirado la pintura vieja pase un estropajo de acero fino para dejar la superficie completamente suave y limpie todos los residuos con un trapo. Después limpie el marco con un limpiador líquido normal o con una solución al 50% de amoníaco y agua.

QUITAR EL PAPEL PINTADO

Al tirar del papel pintado de la pared pueden aparecer muchas deficiencias: en una casa antigua el papel pintado puede ser lo único que sujeta el yeso del enlucido. En muchas hay incluso varias capas de papel unas encima de otras.

A veces, con suerte, el papel antiguo está tan seco que puede pelarse en tiras enteras. Si no, deberá aplicarle vapor de agua. Consiga un vaporizador o alquílelo si es posible. Si no lo encuentra utilice esponjas y agua, aunque es mucho más laborioso. El vapor de agua satura el papel y ablanda la cola que lo une a la pared. Entonces puede rascarse fácilmente con una rasqueta ancha.

Si el papel está cubriendo placas de escayola, lo que suele ocurrir con frecuencia en el caso de casas o pisos de reciente construcción, tenga cuidado de no sobresaturar el papel. Al quitar el papel pintado no debe quitar también el recubrimiento de la escayola.

Los restos de cola pueden eliminarse con una mezcla de una parte de vinagre blanco por cuatro de agua.

RETIRAR LOS RECUBRIMIENTOS
DE VINILO DE LA PARED

Hay muchos tipos de recubrimientos para la pared. El más fácil de retirar es el que tiene una base de tela, porque se pela en tiras y deja sólo un residuo de cola. El papel vinílico también se pela en tiras pero deja una base fina de papel en la pared. Una vez retirado el papel, la base puede eliminarse mojándola con agua y rascándola con una espátula ancha, como en el caso del papel. Pero si no fue usted quien eligió el papel no sabrá de qué tipo es hasta que empiece a retirarlo.

Los papeles lavables suelen ser más gruesos que los normales y no pueden retirarse pelándolos. Para quitarlos primero se deben hacer agujeros con un punzón y luego se debe empapar de agua. Cuando el agua penetra, satura la base del papel y entonces puede rascarse.

En todos los casos siempre quedan restos de cola en la pared, que se quita con una mezcla de agua y vinagre. Después la pared debe arreglarse y alisarse antes de volver a pintar.

CUÁNDO DEBE DEJARSE EL PAPEL

Si el papel antiguo está en buen estado y no tiene abombamientos merece la pena dejarlo y no preocuparse de retirarlo. Si va a pintar la habitación puede hacerlo sobre el papel. Como el papel es poroso absorberá algo de pintura pero la segunda mano sellará la superficie.

ENYESAR

Cuando se han terminado los arreglos la pared está lista
para pintar. Si las paredes están enyesadas y es necesaria
una nueva capa de yeso, lo mejor es llamar a un profesional. El yeso no es fácil de poner y se necesitan dos o tres
manos para conseguir una superficie lisa y suave. Además
levanta mucho polvo y la habitación que se enyesa debe
estar completamente cerrada para que el polvo no se meta
en todos los rincones de la casa.

PREPARACIONES FINALES

Cuando están terminadas las paredes, los techos y los marcos, ya está todo preparado para pintar. Conviene tapar con
cinta adhesiva todos los embellecedores de enchufes e interruptores para protegerlos de las manchas de pintura.
También puede quitarlos, lo que le permite pintar hasta los
agujeros, pero los cables quedarían expuestos. Si lo hace
así no olvide quitar los plomos para evitar el riesgo de electrocutarse.

Cubra el suelo completamente con telas y asegúrese de
que las coloca por encima de los rodapiés. Así evitará que
las gotas de pintura puedan resbalar por detrás de la tela y
manchar el suelo.

Si no quiere quitar las lámparas del techo cúbralas con
plásticos. Si tiene focos empotrados o rieles tape los bordes con cinta adhesiva para no mancharlos de pintura. Quite las luces o cúbralas con bolsas de plástico.

TIPOS DE PINTURA

La mayoría de las pinturas de interior hoy en día son pinturas de látex, solubles en agua y fáciles de limpiar. Para el amante del bricolaje son las más fáciles de utilizar y además prácticamente no tienen olor, por lo que la tarea de pintar se hace mucho más agradable. Las pinturas de látex han mejorado mucho en los últimos años en términos de duración y rapidez de secado; de hecho en la mayoría de los casos puede aplicarse la segunda mano inmediatamente después de la primera.

Los decoradores recomiendan pinturas al aceite para zonas como la cocina y los baños, habitaciones con humedad y grasa, porque son más fáciles de limpiar. También recomiendan estas pinturas para las puertas y los marcos. A pesar de ello estas pinturas son complicadas de manejar, sobre todo las que requieren trementina para facilitar su aplicación. Además huelen mucho y tardan en secar; cada mano debe dejarse secar al menos durante veinticuatro horas antes de aplicar la siguiente. Los colores pálidos, y en concreto el blanco, tienden a amarillear con el tiempo. Por todas estas razones la mayoría de las personas deberían utilizar pinturas de látex incluso para paredes que van a limpiarse con frecuencia.

Consideraciones especiales

Las pinturas de látex no se adhieren a las de aceite y viceversa. Es fundamental lijar un poco la superficie y dar una primera capa de imprimación para asegurarse de que la mano final se adhiere bien y tiene una textura suave. Normalmente la capa de imprimación es simplemente una mano de blanco que cubre la superficie y tapa cualquier agujero que haya en la pared, si no ha sido previamente enlucida. Como la imprimación no se ve suele utilizarse una pintura más barata. (El blanco es más barato que el color porque no hay que mezclarlo.)

Trabajar con colores

Cuando se trabaja con colores es conveniente hacer pruebas en zonas pequeñas de la pared antes de comprar la cantidad de pintura necesaria para toda la habitación. Algunos colores resaltan demasiado y otros parecen entristecer la habitación. Los colores brillantes dan energía y los sombríos tranquilizan. Un color oscuro tiende a rebajar el techo y las paredes oscuras hacen la habitación más pequeña, sobre todo si el techo también es oscuro. Las paredes claras, en cambio, agrandan una habitación pequeña.

Si va a combinar colores póngalos juntos para ver si uno afecta a la percepción del otro. Algunos colores hacen que los compañeros parezcan más fuertes de lo que son en realidad; otros hacen palidecer los tonos adyacentes.

Las cartas de color suelen ser más pálidas que la pintura real; es decir, una vez pintada la pared el color suele parecer más oscuro que en la tarjeta. Por eso se debe hacer siempre una prueba con pintura real y no sólo con la carta de colores. Las tiendas de pintura le venden siempre medio litro de pintura ya mezclada para hacer pruebas. Si quiere un tono hecho exclusivamente para usted compre la cantidad mínima y haga una prueba en la pared para comprobar cómo quedan los colores tanto con luz natural como con luz eléctrica. Quizás tenga que hacer varias pruebas antes de tomar una decisión.

Considerar acabados

La pintura, independientemente del tono, tiene varios acabados. El más común es el mate, sin brillo. Un acabado mate hace palidecer algo el tono de color.

El acabado satinado suele tener un ligero brillo y se utiliza normalmente en los marcos y otras superficies de madera, como las puertas. También suele utilizarse en los baños o en la cocina porque se limpia con más facilidad que el acabado mate. Es frecuente verlo en las habitaciones infantiles por la misma razón.

Las pinturas semibrillantes tienen algo más de brillo; las de alto brillo son las que más tienen y sólo suelen utilizarse para dar efectos especiales. A algunas personas les gustan este tipo de acabados en los baños, por ejemplo, porque se reflejan y hacen que la habitación parezca más grande. A otros les gusta combinar paredes mate con marcos con brillo para darle un mayor interés estético.

Cómo se vende la pintura

La pintura se vende en litros. La cantidad de pintura necesaria para una habitación se calcula también en litros. Con un litro de pintura de imprimación, la que se utiliza para preparar el enlucido o la escayola, se suele pintar una superficie de 10 o 12 m². (Ver más adelante para traducir esta cantidad a sus necesidades.) Un litro de pintura de látex cubre aproximadamente de 12 a 16 m² de superficie de pared, dependiendo de la calidad de la pintura.

Hay muchos tipos de pinturas. Las mejores son pastosas, suaves y cremosas, se extienden con facilidad y cubren cualquier superficie con una o dos manos además de la capa de imprimación. Las pinturas de menor calidad son más líquidas. Con ellas hay que dar una mano tras otra para quitar las marcas de la brocha o el rodillo, por lo que se necesita más pintura. Al final el ahorro es insignificante. De hecho, como con todo lo demás, se recomienda que compre lo mejor que pueda permitirse. A la larga se ahorra dinero porque las cosas de mejor calidad duran más.

CALCULAR LA SUPERFICIE DE LA PARED Y LA CANTIDAD DE PINTURA

Para calcular la cantidad de pintura que se necesita para las paredes de una habitación, multiplique el perímetro de la habitación por la altura de las paredes desde el rodapié hasta el techo y obtendrá la medida en metros cuadrados. Con ese dato le darán la cantidad necesaria en la tienda.

Algunas tiendas le recomiendan restar la superficie de las ventanas y las puertas, pero es mejor que no lo haga. Siempre es bueno guardar un poco de pintura extra para retoques posteriores, sobre todo si está utilizando color. Muchas veces es casi imposible conseguir el mismo tono una vez que se ha comprado la pintura y se ha terminado el trabajo. Como los colores se obtienen mezclando tintes concentrados con blanco, incluso los distintos botes de colores varían a veces de una serie a otra, aunque se mezclen en el mismo día. Pida siempre un poco más de lo que necesita.

Pintura para los techos

Debe decidir la pintura de los techos al mismo tiempo que la de las paredes. La solución más fácil es pintar todos los techos de blanco mate. Para calcular la cantidad de pintura, calcule la superficie de cada techo en metros cuadrados y súmelos todos.

Pintar los marcos y las puertas

Se recomienda también pintar los marcos y las puertas *antes* de pintar las paredes y después del techo. Cuando el marco esté completamente terminado y la pintura seca debe taparlo con cinta adhesiva para no que no se manche. (Si cree que al pintar las paredes podrá salpicar termine los marcos y los rodapiés al final, después de las paredes.)

Según la cantidad de madera que haya en la habitación tendrá suficiente pintura con una lata de cinco litros. Si decide utilizar pintura al aceite debe saber que cubre menos superficie que la pintura de látex.

Después de elegir la pintura debe pensar en el resto de los materiales. Para conseguir capas perfectas es recomendable comprar rodillos y brochas de buena calidad. Para las paredes necesitará un rodillo de unos 30 cm. Se tarda menos en pintar con rodillo que con brocha, aunque tenga que utilizar la brocha para llegar a las esquinas y bordes en que no puede utilizar el rodillo.

Rodillos y soportes

Para las pinturas de látex debe elegir un rodillo de fibra sintética suave, normalmente una mezcla de Orlon o Dinel. Los rodillos tienen una textura ligeramente lanuda y suelen venderse con tres gruesos diferentes. El más fino se utiliza en paredes completamente lisas; la fibra es más densa y no deja rastros. Para paredes con textura rugosa, como por ejemplo las que imitan estuco no alisado, se puede elegir un rodillo intermedio, adecuado para llegar a las pequeñas arrugas que tiene la pared. Para pinturas semibrillantes debe utilizarse un rodillo de mohair grueso. En todos los casos el rodillo debe ser suave al tacto por todos lados y no tener bultos o fibras sueltas que puedan enredarse o pegarse a la pintura.

El rodillo se coloca en un soporte metálico, al que debe ajustarse correctamente de forma que no resbale cuando ruede. El soporte metálico debe estar bien sujeto al mango y debe girar con suavidad junto con el rodillo, sin tirones. El mango debe ser cómodo. Si está pintando techos o paredes muy altas puede adaptar un mango extensible al rodillo.

Si quiere pintar los marcos con rodillo será conveniente que use uno pequeño, de 5 cm. La mayoría de los profesionales utilizan brochas para los marcos y las puertas porque son más fáciles de controlar. (Los rodillos y las brochas que se vayan a utilizar para pinturas al aceite deben estar hechos con fibras naturales en lugar de sintéticas. La lana natural o la cerda natural son los materiales más recomendables.)

Las mejores brochas

Las brochas que va a necesitar para pintar esquinas tanto en las paredes como en los marcos deben tener 5 cm de anchura. Las brochas mejores para las pinturas de látex son las de cerdas de nailon o Dynel. Las cerdas deben ser suaves pero firmes cuando se las presiona en cualquier dirección. Además las cerdas deben ir disminuyendo para terminar como un cincel. Cuando se separan se verá un tornillo en el centro, en el que se sujeta el mango. Este tornillo no debe crear ningún agujero o espacio entre las cerdas donde pueda acumularse la pintura y producir gotas.

Quizás convenga tener a mano una brocha más ancha, de 150 mm, para trabajos más grandes. Siempre es bueno tener varias brochas en uso para poder cambiar a medida que se pasa de los techos a los marcos y a las paredes.

También necesitará cubetas de pintura (una para cada color o cada tipo de acabado), trapos (húmedos y secos) para limpiar las brochas y las gotas, y latas (las de verduras o frutas van bien); cinta adhesiva para tapar bordes; telas o periódicos para proteger suelos o muebles; y una escalera firme para llegar a los lugares más altos. Si va a utilizar pinturas al aceite necesita también trementina y disolvente, tanto para aclarar la pintura como para limpiar los pinceles.

EMPEZAR A PINTAR

Cuando utilice el rodillo empápelo uniformemente en la cubeta para asegurar un acabado suave. Quite el exceso de pintura pasando el rodillo por la parte estriada de la bandeja. Si la pintura gotea por el mango séquelo con un trapo.

Si utiliza una brocha meta las cerdas en la pintura sólo un tercio de su longitud para que no gotee pintura en el agujero del tornillo. Retire el exceso de pintura apretando un lado de la brocha contra el bote de pintura o la cubeta.

EMPEZAR POR EL TECHO

Puede parecer obvio pero le recomendamos empezar siempre por el techo. Compruebe que el techo está completamente limpio de polvo o grasa antes de empezar a pintar para evitar las rayas.

Aunque parezca más cómodo aplicar la pintura desde el suelo con un rodillo de mango extensible, le será más fácil controlar el trabajo usando un rodillo de mango corto o una brocha ancha desde una escalera. Las cubetas de pintura suelen tener unos ganchos para colocarlas directamente en la escalera y no tener que bajar para nada excepto para rellenar la cubeta.

Hacer primero la banda exterior

Para asegurar los mejores resultados pinte primero una banda de unos 5 cm por todo el perímetro del techo en el lugar en que se une con las paredes o las molduras. No es necesario que mida la banda: una brocha de esa medida le dará la pauta. Después de pintar esa banda diluya el borde interior hacia el techo para eliminar cualquier raya. Esto se hace borrando el borde de la banda, pasando una brocha seca por ella en sentido transversal.

Después empiece a pintar desde el borde hacia el centro del techo en zonas pequeñas y manejables. La superficie más manejable para cubrir de una vez es de un metro cuadrado más o menos. Cuando pinte, superponga las bandas tanto como le sea posible para obtener un acabado suave y una transición limpia que camufle el hecho de que las bandas existen en realidad.

Después de pintar una zona en una dirección gire el rodillo noventa grados y vuelva a pintar la misma zona. Vuelva a girar el rodillo y pinte una tercera mano. Tres manos son suficientes para asegurar que la pintura no tiene rayas. Asegúrese de que diluye todos los bordes para que no se noten las uniones entre las zonas.

¿Una segunda mano?

Si ha pasado por cada zona del techo tres veces, como hemos recomendado antes, es posible que no necesite una segunda mano. Espere a que se seque completamente el techo y compruebe con cuidado si se ve algún borde o alguna
raya o si hay zonas desiguales. Si es así aplique una segunda mano de la misma forma que la primera.

EMPEZAR A PINTAR LAS PAREDES

Antes de pasar a las superficies abiertas de las paredes, pinte una banda por el perímetro de cada pared igual que hizo
con el techo. Empiece por la línea del techo, baje por todas
las esquinas y termine a lo largo del rodapié o en la línea
del suelo. Diluya los bordes de arriba abajo. La gravedad
hace que la pintura escurra hacia abajo y así podrá eliminar cualquier gota.

La primera mano de pintura suele tener una tinta más
pálida que la mano final. La mayoría de los profesionales
aplican dos manos además de la de imprimación para conseguir un acabado más suave.

Pintar en forma de M y W

Muchos profesionales también aconsejan pintar en hileras
en la pared de la forma siguiente: empiece por una esquina
de la habitación y pinte en tiras verticales y horizontales
por zonas de aproximadamente un metro cuadrado. Empe-

zando por un punto situado más o menos en mitad de la pared empiece a dibujar grandes M o W por encima de la banda que va a lo largo de la línea del techo. Después gire el rodillo noventa grados y pinte bandas horizontales sobre la letra para diluir los bordes y rellenar los huecos. Al final vuelva a poner el rodillo en vertical y pinte la zona una tercera vez. Si mantiene las bandas firmes e iguales todo el proceso es bastante rápido. Como en el caso del techo, pinte todas las bandas bien y diluya los bordes de todas las zonas pintadas para eliminar rayas.

PINTURA DECORATIVA

Puede ser divertido reproducir efectos de la pintura en la pared. La pintura decorativa da sensación de profundidad y textura. De todos los efectos posibles, la pintura a la esponja o al trapo, el punteado y el peinado son los más fáciles de hacer. Entre otros efectos están el estarcido, el marmolizado y el efecto de madera. Éstos requieren mayor habilidad, pero si tiene tiempo y le apetece, puede intentarlo. Los materiales y las instrucciones para realizarlos pueden encontrarse en tiendas de manualidades. Procure seguir siempre las instrucciones del fabricante.

Material necesario para realizar efectos básicos

Para el esponjado todo lo que se necesitan son esponjas, preferentemente las naturales, grandes y ligeras, que pueden adquirirse en droguerías. En caso de que le resulten algo caras, utilice las sintéticas, lo más flexibles y porosas posible. Para la técnica del punteado sólo necesita un par de pinceles de pintor de distintos grosores pero ambos terminados en punta. Las tiendas de manualidades o de bricolaje venden peines de plástico para la técnica del peinado, aunque puede hacérselo también usted mismo con cartón duro. Corte un rectángulo de cartón de un tamaño que pueda sujetar con comodidad y luego haga pequeños cortes dentados de unos 5 cm en uno de los lados con la separación que usted desee.

Para todos estos efectos la base de pintura debe tener siempre un acabado semibrillante o de alto brillo, nunca mate. El efecto final queda mejor así puesto que la pintura mate inhibirá el movimiento.

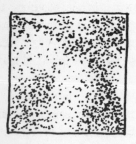 

Efecto de punteado   Efecto de peinado

La técnica del esponjado

Para dar el efecto de esponjado sólo tiene que empapar la esponja en la pintura. Escurra el exceso de pintura presionando la esponja sobre un papel de periódico hasta que se quede casi seca. Entonces golpee suavemente la pared con la esponja solapando los bordes a medida que avanza hasta que consiga la consistencia o la textura que desea. El esponjado puede dar un efecto muy ligero o muy denso. Usted decide cuál prefiere.

La técnica del punteado

Para conseguir un efecto de punteado moje el pincel en la pintura y escurra el exceso de ésta en un periódico o una toalla de papel. Luego pinte puntos al azar por toda la superficie de la pared. El efecto general será como de un granulado. De nuevo, puede conseguir un efecto ligero o denso. También puede modificar el efecto cambiando el grosor de los pinceles, lo que variará el tamaño de los puntos.

La técnica del peinado

Para realizar esta técnica moje las púas del peine en la pintura y escurra el exceso de pintura en el borde del bote o la cubeta. Después pase el peine por la pared de arriba abajo. Intente llevar el peine hasta el final de la pared. Si no puede cubrir toda la altura de la pared superponga un poco el final de una raya con el principio de otra. También es conveniente diluir los bordes de cada línea con un pincel fino.

A medida que avanza por la pared de un lado a otro intente hacer las bandas lo más parecidas posible, pero no las solape. Deje un ligero espacio entre ellas. Este espacio queda mejor si es igual que alguno de los que hay en el peine. Así el efecto será de un dibujo continuo en lugar de una serie de bandas separadas.

ENTELAR LAS PAREDES

Una forma rápida de dar textura a la pared es entelarla, porque existen muchos tipos de estilos, dibujos y colores para elegir. Entelar es una forma muy efectiva de dar a sus paredes una personalidad propia. La tela de las paredes puede coordinarse con las tapicerías; de hecho muchos fabricantes tienen telas para paredes en sus colecciones. Entelar las paredes no es difícil pero muchos arrendadores no lo permitirán, así que si su casa es alquilada mire primero el contrato de arrendamiento e intente obtener permiso por escrito de su arrendador antes de empezar a trabajar.

EN RESUMEN

❖ Pintar es fácil. Preparar las superficies a pintar —techos y paredes— es más laborioso.

❖ Las superficies deben ser lisas y estar limpias de manchas para que la capa final sea suave, tenga buena adherencia y sobre todo buen aspecto.

❖ Debe ponerse mucho cuidado al retirar pintura antigua, sobre todo si tiene plomo, porque es tóxica.

❖ La pintura quedará mejor si se usan pinturas, brochas y rodillos de buena calidad.

❖ Las pinturas de látex son más fáciles de utilizar.

❖ Elija un acabado final para su pintura acorde con el efecto que quiera dar. La mayoría de las paredes quedan mejor con un acabado mate, mientras que los marcos aceptan acabados satinados o semibrillantes. El acabado en alto brillo se suele utilizar para crear un efecto de brillo o reflejo sobre la superficie.

❖ Si le gusta puede intentar hacer algún efecto especial de pintura decorativa, como por ejemplo el esponjado, el punteado o el peinado.

❖ Pruebe a entelar la pared para darle una textura especial.

5. ARREGLAR LOS SUELOS

A menos que esté construyéndose la casa o quiera hacer reformas importantes, cuando se mude a una casa o un piso, tendrá que conformarse con los suelos que haya. En otras palabras, la decisión sobre el tipo de suelo que quiere en cada habitación de su nueva casa ya habrá sido tomada por el constructor o el dueño.

Cambiar el suelo de una casa es muy caro. De todos modos los suelos viejos normalmente pueden cubrirse o, en el caso de la madera, acuchillarse.

UN POCO DE HISTORIA

Antes de la Segunda Guerra Mundial, los suelos de las casas estaban hechos de madera porque había muchos árboles. Con el *boom* de la posguerra, en especial en los nuevos barrios burgueses, y con el advenimiento de las nuevas técnicas de construcción, los suelos tradicionales de tarima empezaron a desaparecer en favor de un revestimiento a base de moqueta, o en algunas zonas, de parquet. Los suelos sintéticos de asbesto o vinilo demostraron ser los más populares y económicos para la cocina y para muchos baños, porque los materiales sintéticos eran muy resistentes a la humedad.

MADERAS BLANDAS O MADERAS DURAS

Los antiguos colonos en los años treinta se abastecían de la madera que tenían a mano, normalmente pino, que es una madera blanca. (Las maderas blandas, como el pino, salen de coníferas, es decir, árboles que tienen hojas en forma de aguja y producen piñas. Las maderas duras, como el roble o el arce, salen de árboles caducifolios.) En aquellos días se cortaban tablones anchos de troncos grandes. Algunas casas antiguas tienen tablones de hasta 60 cm de ancho. Los tablones actuales rara vez sobrepasan los 30 cm, porque los árboles se cortan mucho más jóvenes.

La desventaja de las maderas blandas es que se hacen agujeros y marcas con mucha facilidad; es de verdad muy blanda. A muchas personas amantes de la tradición les gusta la tarima ancha. Por esta razón algunos fabricantes hacen tablones de madera dura imitando a las maderas blandas que se utilizaban antiguamente. Las tarimas nuevas son mucho más estrechas, no más de 20 o 25 cm de ancho. Algunas de estas versiones tienen incluso tachuelas más oscuras insertadas en los tablones imitando las antiguas tachuelas que sujetaban la tarima.

SUELOS DE MADERA DURA

Si tiene suelo de madera dura en su nueva casa considérese afortunado. El suelo de madera dura –normalmente roble, aunque a veces también se utiliza el arce o el fresno, que son más claros– es muy resistente y duradero y si no está muy dañado puede repararse o acuchillarse a su gusto sin sobrepasar demasiado el presupuesto.

Los suelos de madera dura solían estar teñidos de negro y luego encerados o barnizados hasta conseguir un fino brillo que se ajustaba a la formalidad de ciertas habitaciones. En años recientes, a medida que los americanos se han hecho más informales y eclécticos en sus gustos decorativos, la tendencia en muchas zonas es sustituir los suelos oscuros y brillantes por otros más claros. No obstante, los suelos antiguos suelen acuchillarse para sacar su color natural, más claro. Una vez acuchillados pueden volver a barnizarse, aunque con un tono más claro, y luego sellarse o encerarse con poliuretano resistente a la humedad o con una capa protectora hidrófuga con un acabado satinado o mate.

Tarima de madera dura

El suelo de madera dura es normalmente de tarima estrecha y paralela con un dibujo lineal y uniforme. A veces el suelo se acentúa con un borde hecho de tablas más estrechas en un tono más oscuro.

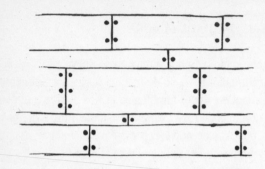

Tarima de tablones de distintos anchos con tachuelas

El suelo de tarima de distintos anchos se consigue alternando tablas de dos o tres anchos distintos a lo largo de todo el suelo. Este tipo de suelos produce un efecto muy informal.

Hoy en día las tablas de las tarimas se compran ya cortadas, acabadas y embaladas en cajas para facilitar el transporte. Así los amantes del bricolaje pueden comprar su suelo, llevárselo a casa y montarlo con comodidad.

Otros dibujos en madera dura

Los días de las tablas de medio metro de ancho han pasado hace mucho, pero la tarima –con o sin tachuelas– todavía es una elección muy popular. Las tablas actuales suelen medir entre 40 cm y 1,80 m de largo; la anchura va de 7 a

30 cm. Puede elegir entre tablas de igual anchura o de distintas anchuras.

El parquet, que suele encontrarse en casas construidas en la posguerra, consiste en pequeñas tablillas de madera que forman distintos dibujos. Uno de los dibujos más comunes es el de tejido de cesta.

El suelo de parquet se vende pegado ya en cuadros, como los azulejos. Los cuadros normalmente miden 25 cm cuadrados. Actualmente se tiende a escoger el parquet tablilla por tablilla, instalado por profesionales.

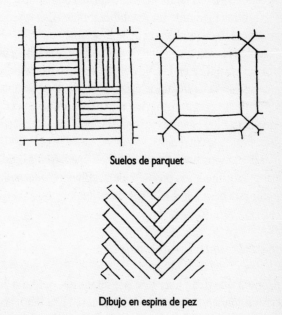

Suelos de parquet

Dibujo en espina de pez

El dibujo en espina de pez es también muy popular. Las tablillas son estrechas y cortas y se unen en forma de V como las telas de tweed.

Dependiendo del producto, una caja de parquet suele cubrir entre 3 y 6 metros cuadrados; compruébelo en las instrucciones del producto que compre.

PÓNGASE EL SUELO USTED MISMO

La tarima, las tablas o las losetas de parquet son muy fáciles de colocar para una persona habilidosa. La tarima y las tablas están cortadas de manera que ajustan perfectamente unas con otras mediante un machihembrado. Las losetas de parquet se unen también entre sí limpiamente.

Calcule los metros cuadrados del suelo y divídalos por la cifra que se indica en la caja del parquet que ha elegido. Así averiguará la cantidad de cajas que necesita. Siempre es conveniente comprar una caja de más porque a veces hay que cortar los cuadros para ajustarlos a los rodapiés y los salientes de las paredes.

Nota: Algunos tipos de suelo tienen una base de espuma para amortiguar los pasos. Pida el adhesivo adecuado para unir esta base a la superficie de su suelo.

Preparar la superficie del suelo

Lo primero que debe hacer es, por supuesto, preparar la superficie donde va a poner su suelo nuevo. Los fabricantes de suelo aconsejan comprobar posibles humedades en el suelo. ¿Parece húmedo el suelo al tacto, ya sea cemento, tarima o madera antigua? Si es así debe buscar el escape de agua y arreglarlo antes de poner el suelo nuevo. ¿Tiene la madera antigua abombamientos o deformidades? La madera nueva también se deformará si la pone sobre un suelo húmedo.

El suelo antiguo, sea cemento, tarima o cualquier otra superficie, debe estar absolutamente limpio y liso, sin agujeros o abombamientos. Si es necesario, ponga parches y rellene los agujeros de las tachuelas o las grietas de madera con una masilla específica para este fin. Si el suelo está desigual debe acuchillarse.

El acuchillado, como sabrá más adelante en este capítulo, es una labor complicada y probablemente es mejor que la realice un profesional.

Poner el suelo

Además del adhesivo para suelos y la herramienta para extenderlo que recomienda el fabricante o la empresa distribuidora, todo lo que necesitará es un mazo con cabeza de goma. Básicamente todo lo que tiene que hacer es encolar las tablas y colocarlas golpeándolas suavemente con el mazo para ajustarlas unas a otras. Las losetas de parquet también se encolan y se aplanan con el mazo. Siga siempre las instrucciones del fabricante al pie de la letra. Pueden variar según el producto.

Recuperar los suelos antiguos es una buena decisión –y una buena inversión– para su casa. Los suelos bien terminados duran muchos años. Si puede arregle los suelos *antes* de pintar o empapelar las paredes, y si puede también antes de mudarse a la casa.

Con el tiempo los suelos de madera se decoloran y se gastan en las zonas que más se pisan. No obstante, un suelo antiguo puede volver a recuperar su lustre en un proceso compuesto por tres partes.

La primera, o fase preparatoria, incluye el acuchillado y la eliminación de los restos de cera, suciedad y pintura. Luego se aplica el color, ya sea un barniz oscurecedor, un tono pastel o una solución de lejía. Por último se sella o se protege el suelo con poliuretano o una cera hidrófuga. Si la habitación es pequeña usted mismo puede hacer al menos las dos últimas partes del trabajo. Si la superficie es muy grande es mejor que lo haga un profesional.

Acuchillar los suelos

Antes de dar el acabado a un suelo de madera lo normal es lijarlo o acuchillarlo. Es un trabajo difícil y ruidoso y levanta mucho polvo. Por ello las empresas de distribución de suelos recomiendan que sea un profesional quien realice el trabajo.

Alquilar máquinas de acuchillar

Si cree que usted puede realizar el trabajo, las máquinas de acuchillar se alquilan en tiendas de bricolaje o en tiendas de alquiler de maquinaria que puede encontrar en las *Páginas Amarillas*. Hay dos tipos de máquinas de acuchillar: las de tambor, que funcionan mediante un tambor giratorio cubierto por una lija, y las de disco, que tiene un disco de lija giratorio. Algunas recogen el polvo en una bolsa que luego se vacía y elimina el 90% del serrín.

Pesadas y difíciles de manejar

Las máquinas acuchilladoras son máquinas muy pesadas (suelen pesar más de 150 kilos) y pueden estropear su suelo si no se manejan bien. Pida que le hagan una demostración antes de llevar el aparato a casa. Le enseñarán que debe siempre mover la máquina con movimientos lentos, continuos y siempre al mismo nivel. Al enchufar y desenchufar la máquina la lija debe estar siempre bien apoyada en el suelo. Si la máquina se inclina rayará el suelo.

Como las acuchilladoras levantan mucho polvo y hacen mucho ruido, utilice el equipo protector adecuado, incluidos guantes, gafas, una mascarilla y auriculares protectores.

Antes de empezar

Antes de empezar a acuchillar nivele cualquier clavo que sobresalga de la madera para que no se enganche y rompa la lija. Aspire toda la suciedad y el polvo acumulado.

Un proceso en tres partes

El acuchillado requiere al menos tres pasadas con lijas de distintos grados. Si está acuchillando tablas o tarima asegúrese de que el movimiento de la acuchilladora va en la dirección de la veta de la madera en todas las pasadas. Si está acuchillando parquet, realice movimientos en X a través de la habitación de esquina a esquina primero y después haga una tercera pasada en paralelo a la longitud de la habitación.

Terminar el trabajo

Para terminar un trabajo de acuchillado tendrá que alquilar también una máquina acuchilladora manual. Es una máquina de lijar pequeña que se utiliza para llegar a los sitios difíciles, como esquinas o rodapiés.

Después de acuchillar utilice un rascador para retirar las astillas o los trozos de madera que se hayan resistido a la lija.

Tintes de la madera

La madera natural es extraordinariamente clara de tono. Para obtener los colores o los tonos que se asocian siempre con ciertas maderas deben aplicársele tintes.

Los tintes se conocen con el nombre de la madera que evocan: caoba, cerezo, nogal, ébano, teca. Además deben añadirse a la lista los tintes pálidos que se obtienen por decoloración: trigo, gris y blanco. (La decoloración es un proceso caústico y suele realizarlo un profesional; pero usted mismo puede aplicar tintes pálidos que tienen un acabado casi igual.)

Compruebe la variedad de tintes que ofrece su tienda de suelos; algunos son de secado rápido mientras que otros, normalmente con protectores de la madera incluidos, tardan más tiempo en secar.

Aplicar los tintes

Los tintes, tanto los oscuros como los claros, penetran en la madera. Todo lo que necesitará son trapos limpios y secos para aplicarlos. Frote la madera hasta conseguir el tono que desea.

La decoloración química es en cierto modo una forma de tinte. Se aplica el tinte pálido de la misma forma que se hace con uno oscuro. También puede hacerse con pintura. Aplique una capa fina de pintura y luego con trapos frote la madera hasta que adquiera el aspecto que usted desea.

En todos los procesos mencionados anteriormente trabaje siempre sobre zonas pequeñas y frote bien los bordes para evitar las rayas.

Encerado y lacado

La madera se dilata y se contrae ligeramente con el frío y el calor. Normalmente los suelos de madera se enceran y abrillantan para sacarles brillo. El encerado es muy recomendable porque la cera permite que la madera respire. No obstante requiere un cuidado continuo. Para mantener el brillo los suelos deben limpiarse hasta dos veces a la semana en las zonas de más pisadas y encerarse periódicamente. Los restos de la cera anterior deben eliminarse de vez en cuando, ya que la suciedad se incrusta en ellos y decolora la madera.

La laca es otro tipo de acabado que se ha usado tradicionalmente. Sin embargo las lacas son inflamables y por eso la mayoría de los fabricantes no las hacen.

Proteger la madera con poliuretano

Una alternativa a la laca es el poliuretano al aceite, que proporciona un acabado casi sin mantenimiento. Los suelos con poliuretano sólo necesitan un barrido o un paño húmedo de vez en cuando. No obstante el poliuretano amarillea con el tiempo y puede afectar al aspecto de las maderas muy claras.

Aplicar poliuretano es algo peligroso si no se es un profesional. El poliuretano tiene un olor fuerte, desprende gases tóxicos y es inflamable. Compre o alquile gafas, guantes y una mascarilla para protegerse los ojos, la nariz, la piel y las manos. Ventile la habitación y no fume o encienda una cerilla cerca al menos durante veinticuatro horas.

Aplique el acabado igual que si fuera una mano de pintura, siguiendo la veta de la madera. Deje que la capa de poliuretano se seque bien (al menos veinticuatro horas). Lije suavemente la superficie con una lija fina con un movimiento circular antes de aplicar una segunda mano. Se necesitan al menos tres manos para obtener un buen acabado.

El poliuretano se vende con cuatro acabados: mate, satinado, semibrillante y alto brillo. La mayoría de los suelos tienen mejor aspecto con un acabado satinado porque no parece ni mate ni muy brillante, aunque hay personas a las que les gustan los suelos con brillo. El acabado que elija es sólo cuestión de gusto. Consulte muestras del fabricante en su tienda de bricolaje para ayudarle en la decisión.

Un punto final que debe recordar: los acabados del suelo se secan mejor si se aplican un día cálido y relativamente seco. (La mejor temperatura es 20 °C y una humedad del 50%.)

Protectores hidrófugos

Los últimos acabados que se fabrican son inodoros, de secado rápido e hidrófugos, y no tienen ningún peligro. En cambio no son tan resistentes a la humedad como el poliuretano; el aceite, presente en el poliuretano, repele mejor el agua. Dos aplicaciones son suficientes para un buen acabado; déjelo secar como si fuera poliuretano y líjelo un poco entre manos.

Pintar un suelo de madera

Después de lijar el suelo quizá decida pintarlo en lugar de teñirlo o decolorarlo. La pintura que elija no debe cuartearse con facilidad. Uno de los tipos de pintura más duraderos es el que se utiliza para las cubiertas de los barcos. Esta pintura se desarrolló originariamente para barcos, que obviamente deben soportar las inclemencias del tiempo. Las pinturas de barco, como las específicas para porches o suelos de cemento, son perfectas para habitaciones que se pisarán mucho, como la cocina, una habitación infantil, el invernadero o el lavadero, además del porche, por supuesto. Todas estas pinturas se venden en una amplia variedad de colores.

Variedad de colores

Un suelo pintado tiene mucha personalidad. Como el suelo es una superficie muy amplia, lo mejor es ser cauto a la hora de elegir color. La mayoría de las pinturas para el suelo tienen poca variedad de colores y muchos de ellos se consideran colores neutros: lino, gris pardo, morado, verde, gris pálido o carbón. También se encuentran el verde pardo, el rojizo, amarillo mostaza, azul ahumado y azul oscuro.

Cuando el suelo esté lijado y preparado aplique dos o tres manos de pintura con una brocha o un rodillo, lijando entre cada mano para conseguir una superficie suave. No olvide dejar secar la pintura veinticuatro horas antes de aplicar la segunda capa.

Dibujos con la pintura

Si lo desea, puede dejar el suelo liso o adornarlo con estarcidos, punteados (puntos al azar) o cualquier otra técnica de acabado, como por ejemplo el peinado, que consiste en hacer líneas rectas u onduladas de grosores variados que imitan el dibujo de un peine de púas anchas. Todos estos acabados son muy fáciles de realizar. Si no quiere que nadie le arruine el trabajo, séllelo con una mano de poliuretano o un acabado al agua al terminar.

ACABADOS ESPECIALES

Salpicado: Moje la punta de un pincel en la pintura; pase el dedo por la punta de forma que salpiquen gotas al suelo al azar. Siga salpicando con uno o más colores hasta conseguir el efecto de textura o color deseado.

Punteado: Este proceso es muy parecido al anterior pero mojando la punta de un pincel fino en la pintura y dibujando los puntos directamente en el suelo. Así se controla mejor la textura que con el salpicado pero se tarda más.

Esponjado: Empape una esponja natural o sintética en pintura y presione sobre un papel hasta que esté casi seca. (Las esponjas naturales dan un efecto más borroso que las sintéticas.) Luego presione sobre el suelo al azar. Además, con las esponjas sintéticas pueden cortarse formas para crear efectos especiales, como por ejemplo el de espina de pez o el de ladrillos.

Peinado: Puede comprar peines para pintar en tiendas de manualidades o puede hacérselo usted mismo. Corte púas en un trozo de cartón grueso. Aplique una mano de pintura con un rodillo o una brocha. Mientras la pintura está todavía fresca pase el peine por ella limpiando los residuos de pintura a medida que avanza. Puede mover el peine para dibujar ondulaciones en lugar de líneas rectas, si lo prefiere.

Estarcido: Los materiales para realizar estarcidos se venden en tiendas de manualidades o de bricolaje. Primero tiene que decidir si quiere hacer estarcidos en toda la superficie del suelo o sólo en el borde. Lo mejor es marcar primero dónde van a colocarse los dibujos. Luego coloque la plantilla en su lugar y asegúrela con cinta adhesiva. Empape el pincel de estarcir en la pintura y retire el exceso de pintura sobre un papel hasta dejarlo casi seco. Entonces pase el pincel por la plantilla en movimientos circulares y siempre desde el centro hacia los lados hasta que el dibujo adquiera la densidad que desea. Retire la plantilla, colóquela en la posición siguiente y repita el proceso. Continúe hasta cubrir el espacio que desea. Si sólo quiere hacer un borde, simplemente siga en línea recta alrededor de la habitación.

BALDOSAS CERÁMICAS

Las baldosas se pueden utilizar de muchas formas en toda la casa, en la banda que protege la pared que hay detrás de los fuegos y de la pila, en las encimeras o en la ducha.

El material cerámico que se utiliza en el suelo es más pesado y más duradero que el que se utiliza en las paredes u otras superficies porque debe soportar el impacto de las pisadas y el peso de los muebles.

Si tiene suelo cerámico en su nueva casa lo más fácil es aceptar lo que tiene, porque quitar un suelo de este tipo y reemplazarlo por otro parecido o poner otro suelo completamente distinto es muy caro. Puede limpiarlo y reemplazar las baldosas dañadas o descoloridas, o incluso volver a pulimentarlas si están en buenas condiciones. Si las baldosas tienen fisuras muy finas en la superficie pero que no llegan a romper el esmalte superior no supondrán un problema, incluso estando en la ducha.

Aplicaciones

Como el revestimiento cerámico suele estar esmaltado en varios acabados –mate, satinado y brillante–, está protegido de la humedad y por tanto es una elección muy lógica para la cocina, el baño, el portal o la entrada y el vestíbulo. Por otro lado, como es un material muy duro, no es buena idea para dormitorios o habitaciones infantiles.

Gresite cerámico

Las baldosas se venden en muchos tamaños y formas. Las más pequeñas se llaman gresite. Suelen ser cuadradas pero también existen redondas. El gresite se vende normalmente en hojas con una base de material tejido donde están ya pegadas las baldosas, lo cual hace que su colocación sea rápida. El gresite suele quedar bien en baños o entradas pequeñas.

Cuando vaya a comprar gresite puede pedir las hojas del mismo color o solicitar que le hagan un dibujo a la medida del lugar donde vaya a colocarlo. Algunos de los dibujos más populares son los de diseños de edredones americanos o de damero. También es corriente colocar un borde distinto en una pared de gresite igual.

Baldosas cerámicas

La mayoría de los suelos cerámicos se venden en forma de baldosas, que varían de tamaño desde el gresite de 2 cm² hasta las baldosas de 30 cm². Las baldosas más grandes dan sensación de amplitud, sobre todo si se colocan a cartabón o en diagonal. En los baños o las cocinas los suelos de baldosas grandes suelen contrarrestarse con azulejos pequeños en la pared. Las baldosas más normales para los suelos son de 11 x 24 cm en los baños y de 20 x 20 cm en las cocinas. Los tamaños normalmente reservados para paredes, traseras de fuegos y encimeras son los de 10 x 10 cm.

La gama de colores es muy amplia y las formas disponibles muy variadas, como por ejemplo las que imitan a motivos medievales europeos o de Oriente Medio. También hay baldosas con motivos pictóricos; algunos de ellos son escenas creadas con muchas baldosas que conforman un gran mural.

BALDOSAS DE BARRO COCIDO

Una de las baldosas favoritas para las cocinas es la que se fabrica con terracota, un barro blando y rosado. La mayoría de las baldosas de barro que hay en Estados Unidos se importan de México. No tienen esmaltado y por eso son muy porosas. Deben sellarse con poliuretano para que aguanten la grasa y la humedad.

Las baldosas de barro se venden sobre todo en cuadrados pero también pueden encontrarse rectangulares, hexagonales y octogonales, estos últimos con pequeños cuadrados de relleno en las esquinas.

Un tipo de barro mucho más duradero es el gresificado o porcelánico, que resulta mucho más duro y tiene una superficie esmaltada. Este tipo de baldosas se suele utilizar en zonas de mucho paso, y en especial en instalaciones comerciales. Los colores van desde el marrón al mostaza.

Los azulejos de barro, al igual que los cerámicos, son muy difíciles de colocar, sobre todo si tienen que cortarse para adaptarse a salientes de armarios u otros muebles. Por eso deben ser profesionales los encargados de instalarlo.

SUELOS DE VINILO EN ROLLOS

Sucesor del linóleo, el suelo de vinilo es la elección más apropiada para cocinas y baños en la mayoría de las nuevas construcciones. Para una reforma también merece la pena este material porque se puede colocar una nueva capa sobre la antigua sin mucha complicación. El vinilo debe ser instalado por un profesional debido a su peso y volumen, y porque es necesario recortarlo alrededor de armarios u otros obstáculos.

En su mayor parte, el vinilo imita a sus compañeros más caros, por ejemplo la madera y la cerámica. En las tiendas, al igual que una moqueta, suele exponerse en cascada, o en muestrarios de hojas grandes que se pasan como las de un libro. Puede pedir muestras para llevarse a casa.

Los suelos de vinilo son muy fáciles de mantener y cualquier mancha se limpia fácilmente con pasar un paño húmedo.

VINILO EN LOSETAS

La alternativa al rollo de vinilo para el que quiere hacer bricolaje es la loseta de vinilo, sucesora de la de asbesto, que ya no es legal. Las losetas de vinilo suelen ser más baratas por metro cuadrado que el vinilo en rollo. Algunas de las losetas fabricadas fundamentalmente para usos industriales (sobre todo hospitales, colegios y oficinas) están llegando al mercado de los particulares; no obstante éstas son más caras porque suelen ser más gruesas que las que se utilizan en las casas.

Teniendo la cola recomendada por el fabricante y una llana dentada, es bastante fácil colocar las losetas de vinilo. Pueden colocarse encima de un suelo de linóleo o de vinilo, sobre una buena superficie de contrachapado o incluso de madera, si está suave y lisa.

Comprar losetas de vinilo

La mayoría de las losetas de vinilo se venden en cuadrados de tamaños variados. Para saber cuántas necesita divida la longitud de la habitación por el tamaño de las losetas y haga lo mismo con la anchura. Luego multiplique los dos números y le dará la cantidad de losetas que necesita. Las losetas se venden por paquetes, así que tendrá que redondear la cifra según el número de losetas que hay en cada paquete. Compre siempre más cantidad de la que necesita –normalmente con un paquete extra hay suficiente– para poder tener losetas de repuesto en caso de que se rompa o se estropee alguna.

COLOCAR LOSETAS O BALDOSAS EN UNA HABITACIÓN

Las baldosas o las losetas quedarán mal si no se colocan correctamente en la habitación. Si empieza por una pared y empieza a colocarlas una detrás de la otra hasta el otro lado es muy probable que tenga que cortar la última fila y todo el suelo quedará desequilibrado. Lo mejor es empezar por el centro de la habitación y avanzar hacia las paredes para darle un aspecto armonioso. Las últimas filas siempre tendrán que cortarse pero los cortes estarán equilibrados con respecto al resto de la habitación.

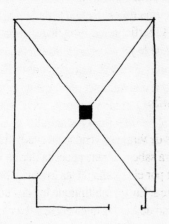

La primera loseta
en el centro
o girada 45° respecto
del centro

Encontrar el centro de la habitación

Mida la habitación de esquina a esquina en X utilizando dos hilos largos y asegure los hilos a las paredes. Después, con un lápiz y una regla dibuje la X en el suelo tomando los hilos como guía. La intersección de las dos líneas es el centro de la habitación.

Coloque la primera loseta exactamente en el centro. Decida si quiere que vayan paralelas a las paredes de la habitación o formando ángulos de 45º.

Dibujar una trama para las losetas

Si quiere que las losetas estén colocadas en ángulo, lo que suele dar una mayor sensación de equilibrio sobre todo en un dibujo de damero, gire la primera loseta 45º. Utilizando como guía sus cuatro esquinas, coja el lápiz y la regla y dibuje las cuatro líneas hacia las esquinas de la habitación. Ahora probablemente tenga dos líneas paralelas hacia las cuatro esquinas de la habitación formando una doble X. Estas nuevas X no tienen que coincidir necesariamente con la primera X porque el ángulo formado por ésta puede ser mayor o menor de 45º. Sólo coincidirán los ángulos si la habitación es completamente cuadrada.

Medir la trama

Utilice un metro para hacer marcas de lápiz o tiza (disponible en cualquier tienda de bricolaje o de manualidades) en la unión de cada loseta según sus dimensiones –o vaya moviendo una loseta a lo largo de las líneas paralelas ya dibujadas– desde el centro de la habitación hasta las esquinas.

Colocar las losetas

Guíese por la trama para colocar y encolar las losetas en la X que ha dibujado. Siga las instrucciones del fabricante y aplique la cola al suelo con una llana dentada. Luego coloque encima la loseta y presione con firmeza.

Una vez que ha completado la X siga avanzando hacia las paredes por secciones pequeñas, teniendo cuidado de juntar bien las losetas una contra otra. Cuando llegue a una pared mida el espacio de suelo que queda hasta la pared para ver cuánto debe cortar. Recorte el exceso de material con un *cutter* afilado, encole el suelo y ajuste la loseta.

BASE DE SUELO DURO
PARA RECUBRIMIENTO BLANDO

Para muchas personas los suelos de madera dura o los cerámicos son sólo la base de las alfombras. Una vez que el suelo está en buen estado tendrá que decidir qué alfombra quedará bien en la habitación. A algunas personas les gusta elegir la alfombra antes que las tapicerías; otras esperan hasta tener todas las tapicerías elegidas para comprar la alfombra. En el capítulo siguiente hablaremos más de este tema.

Hay gente que prefiere cubrir el suelo con moqueta. Esto elimina el problema de tener que arreglar el suelo además de proporcionar una superficie blanda en toda la habitación. La moqueta puede ser también una base neutra para una alfombra.

EN RESUMEN

❖ Los suelos son una inversión muy buena. Los suelos de madera bien acabados duran años.

❖ Los suelos de madera que estén dañados pueden cubrirse con facilidad y rapidez con madera nueva de los estilos más populares hoy: tarima o parquet.

❖ Un suelo de madera antiguo puede acuchillarse y volver a barnizarse con un tono de madera, un tinte pálido pastel o pintura.

❖ Una superficie pintada puede alegrarse con un acabado especial, como por ejemplo el esponjado, el punteado o el estarcido.

❖ Todos los acabados de la madera deben sellarse y protegerse con poliuretano, un acabado al agua o una cera.

❖ Algunas habitaciones, sobre todo las cocinas y los baños, quedan muy bien con un revestimiento cerámico o vinílico.

❖ Las baldosas que no están bien quizá sólo necesiten una limpieza o un arreglo.

❖ Si le gusta el bricolaje puede poner con facilidad suelo de losetas de vinilo sobre una superficie limpia y lisa con una cola adecuada.

Tercera Parte

DECORAR LAS HABITACIONES

6. MOQUETAS Y ALFOMBRAS

El suelo, que a menudo se conoce como la quinta pared, es la superficie más fácil y a la vez más problemática de decorar. Es fácil porque el suelo normalmente viene dado en una casa –cubierto con madera o cerámica o con moqueta de pared a pared–. Y problemático para muchos porque cuando se va a elegir una alfombra para cubrir parte del suelo o de la moqueta debe considerarse el color, la textura y el dibujo de la misma forma que lo haría si estuviera eligiendo la tapicería.

LA MOQUETA COMO PREFERENCIA

Cuando se construye una casa algunos constructores prefieren poner moqueta en todas las habitaciones excepto en la cocina y los baños (y a veces en la entrada) porque es más barato que la madera y puede colocarse sobre una superficie de contrachapado. (También responden a la demanda; según ciertos estudios un 75% de los norteamericanos prefieren moqueta en el salón y las habitaciones.) Si va a mudarse a una casa nueva y puede tratar directamente con el constructor, podrá elegir usted mismo la moqueta que quiere. (Puede elegir también madera dura pero le resultará más caro.)

Elegir una moqueta

Cuando vaya a comprar una moqueta para su casa nueva debe recordar que una habitación lleva a otra. Lo mejor es elegir un solo color neutro, como beige, verdoso o gris, que pueda pasar de una habitación a otra sin ninguna ruptura en la transición. Un único color unificará los espacios y hará que las habitaciones parezcan más grandes.

Otro aspecto que debe considerar es la durabilidad. Las vías de paso entre las habitaciones formarán caminos en la moqueta. Es importante elegir una moqueta que dure y resista bien las pisadas y la suciedad en estas zonas.

Un tercer aspecto a tener en cuenta es el mantenimiento. El polvo se mete en la moqueta y necesita aspirado con regularidad y limpieza a fondo periódicamente. Si es propenso a las alergias es posible que no le convenga tener moqueta. En este caso lo mejor es decorar pequeñas zonas con alfombras o dejar los suelos vacíos.

La elección de la fibra

Tradicionalmente las moquetas se han tejido en un telar de lana. La lana es una fibra natural y muy duradera. Debido al costoso proceso de recoger la lana y transformarla en ovillos, la fibra resultante es mucho más cara que otras sintéticas, como el nailon. Además, la lana es vulnerable a los hongos y las polillas. Las moquetas de lana normalmente se encargan a través de arquitectos o decoradores que actúan como intermediarios con los fabricantes o los telares.

Más del 90% de todas las moquetas que se venden en Estados Unidos se hacen de nailon. El nailon es un material muy duradero y tiene un precio razonable. El nailon mantiene muy bien el color, es muy fácil de limpiar y no atrae hongos o polillas porque es sintético. Tiene varios nombres comerciales según el tratamiento que se le ha dado, como por ejemplo Anso IV o *Stainmaster*, que protege la fibra de manchas y salpicaduras.

La fibra acrílica, una fibra sintética que imita a la lana, se utiliza sobre todo en oficinas e instalaciones comerciales. Tiene también otros nombres como Acrilan y Orlon.

Otra fibra sintética menos utilizada es la olefina, material resistente a los hongos y las manchas que se utiliza específicamente para superficies exteriores sobre todo en climas húmedos. La olefina no acumula electricidad estática. La marca más conocida de esta fibra es Astroturf.

El poliéster, más conocido como material para ropa, es una alternativa suave y barata al nailon y suele comercializarse bajo otros nombres como Dracon o Trevira. El poliéster destiñe mucho, tiende a formar bolas como los jerséis y no dura tanto como el nailon.

Los fabricantes de moquetas suelen mezclar dos o más fibras para sacar partido a los beneficios de todas. En otras palabras, el poliéster, que es suave, puede mezclarse con el nailon, que es más duradero y fácil de limpiar.

Hilado de las moquetas

Antiguamente todas las alfombras estaban tejidas con lana; muchas de ellas se tejían a mano, esto es, cada uno de los hilos se pasaba a mano por el telar y se anudaba. Algunos tipos de alfombras, como las Axminster y las Wilton, todavía se anudan así. La moqueta se hacía en telares más anchos que las alfombras anudadas a mano.

Más del 90% de las moquetas hechas en Estados Unidos son de pelo cortado no anudada. Se hacen en máquinas con cientos de agujas que a altas velocidades cosen bucles de lana retorcida en una trama de material sintético que le sirve de base; después se fija el hilo con látex. Los bucles se quedan hacia arriba, pero a veces se cortan los extremos para formar una superficie más suave y uniforme. Este tipo de moqueta se llama de pelo cortado.

Comprobar la durabilidad

La durabilidad de una moqueta depende de su textura y densidad, además de la fibra y el grueso de la lana. En general, cuanto más gruesa sea la hebra y más bucles haya por metro cuadrado, más duradera será la moqueta.

El hilo debe estar retorcido con fuerza. A veces también está ligeramente rizado. Para comprobar su durabilidad doble la moqueta sobre sí misma: debe resultarle difícil hacerlo. Si al doblarla ve la base –llamada trama– es signo de que es poco densa y por tanto poco duradera. Compruebe que ninguno de los hilos de lana se sale de la trama. A veces pueden volver a colocarse pero cuando se salen muchas a la vez dejan un agujero.

Moquetas en bucle y de pelo cortado

Hay una serie de variaciones en el hilo en bucle y de pelo cortado. En general los hilos nivelados (los que tienen una superficie igualada) se adaptan a ambientes más formales, mientras que los hilos desnivelados, que juegan con hebras cortas y largas con dibujos diferentes, son más apropiados para ambientes informales.

TIPOS DE HILO EN EL BUCLE Y CORTADO

Bucle nivelado: Los bucles son todos del mismo largo.

Bucles desnivelados: Los bucles se tejen en largos distintos. La superficie tiene volumen.

Copetudas: Todos los hilos están al mismo nivel pero algunos se cortan o trasquilan y otros se dejan en bucles al azar. La superficie tiene una apariencia y una textura especiales.

Cordoncillo: Los hilos están cortados o trasquilados al mismo nivel, normalmente muy cortos (a 1 cm o menos) y la trama es muy densa.

Pelo rizado: También conocida como «libre de pisadas» porque

---

no se notan las pisadas. Está formada por hilos rizados o torcidos en bucle.

Pelo cortado: Los bucles más largos se cortan o trasquilan y los más cortos quedan como bucles.

Texturada: Las hebras se cortan más largas o más gruesas (más de 1 cm) y no son tan densas.

Moqueta bereber

Hay un tipo de moqueta de bucle nivelado y rizado en tono neutro, llamada bereber, que es muy duradera, y por eso se utiliza mucho en lugares comerciales, sobre todo oficinas. Para casas particulares las bereber funcionan muy bien si están tratadas con repelentes de suciedad para zonas de mucho paso como por ejemplo salas de estar, despachos y habitaciones infantiles.

Base de moqueta

Todas las moquetas deben instalarse con una capa base. Como el somier para el colchón, la base sirve de apoyo a la moqueta, absorbe las pisadas e impide que la moqueta se estire y se encoja, a la vez que alarga su vida. Además es un buen aislante.

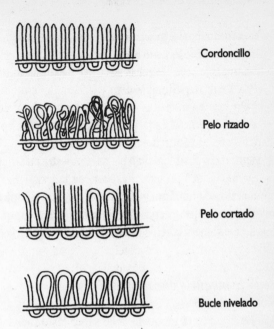

Cordoncillo

Pelo rizado

Pelo cortado

Bucle nivelado

La base de moqueta, de gomaespuma o de un fieltro hecho de pelo y yute, se fabrica de muchos gruesos y pesos; suele tener una superficie rugosa para impedir que se mueva. El vendedor de la moqueta le recomendará la mejor base para el tipo de moqueta que usted compre.

Ver muestrarios de moquetas

En las tiendas de alfombras o en los grandes almacenes se exponen muestrarios de moquetas en trozos del tamaño de una alfombrilla y en forma de cascada, de forma que pueda ver y tocar la parte delantera y trasera de la moqueta. También existen muestras en trocitos pequeños sueltos o pegados en tarjetas. Las tarjetas suelen mostrar las posibilidades de color dentro del mismo tipo de textura.

Siempre es posible llevarse a casa muestras de moquetas. Es buena idea porque el aspecto de la moqueta varía según el tipo de luz. Una vez instalada es muy complicado quitarla, por lo que es conveniente saber si el color que ha elegido combinará con los de sus muebles y tapicerías.

Medir la moqueta que necesita

Cuando compre la moqueta debe saber las dimensiones exactas de los suelos en metros cuadrados para que el vendedor pueda saber la cantidad de moqueta que necesita. Llévese un plano de la habitación con el largo y el ancho marcados para ayudar al vendedor con sus cálculos. Marque la dimensión de cualquier irregularidad que haya, como entrantes, armarios, librerías o salientes.

La moqueta se vende en varios anchos. El ancho que elija afectará a la cantidad que necesite. Intente elegir una moqueta tan ancha como la habitación o más, si es posible; así evitará tener que cortar trozos y hacer uniones. Aunque la coloque un profesional una unión nunca se disimula del todo y además absorbe mucho polvo.

Colores y dibujos

Las moquetas de colores pálidos o tonos neutros suelen ser las mejores –y las más seguras– porque combinan bien con cualquier tapicería o tela que tenga ahora y además resistirá cualquier cambio en la decoración en el futuro.

Si va a elegir un color que no sea neutro para su moqueta lo mejor es que sea lo más parecido al color de la tapicería dominante en la habitación. Considere la cantidad de paso que tendrá la zona. Los colores claros tienden a aumentar el espacio y los colores más oscuros son más acogedores.

Una moqueta con dibujo puede absorber la suciedad del paso y darle personalidad a una habitación. Los dibujos repetitivos y las texturas con volumen son adecuados para camuflar una superficie o disimular la suciedad temporal. Los dibujos simples, como por ejemplo cuadrículas, puntos pequeños o jaspeados, combinan bien con la mayoría de las tapicerías.

Otros dibujos, como las rosas de estilo victoriano o las figuras geométricas, pueden darle un ambiente nostálgico a la habitación. En estos casos las tapicerías no deben contrastar con la moqueta, de hecho lo mejor es que sean neutras. (Hablaremos de tapicerías con más detenimiento en el siguiente capítulo.)

Colocar la moqueta

Debido a su volumen y peso y a la dificultad que encierra cortarla y ajustarla, la moqueta suele colocarla siempre un profesional. De hecho el precio suele incluir la colocación. La base es un extra pero se recomienda en todos los casos.

Antes de colocar la moqueta debe limpiar en profundidad los suelos que van a cubrirse y retirar todo el mobiliario de la habitación. Una vez que se ha colocado el relleno, el instalador extiende la moqueta como mejor quede en la habitación. Si la moqueta va de una habitación a otra hará los ajustes necesarios antes de hacer cortes. Cuando esté la moqueta en la posición correcta se estira y se clava al suelo con tiras finas de madera. Las uniones se ajustan para disimularlas a la vista.

ALFOMBRAS

La diferencia entre la alfombra y la moqueta es el tamaño y la colocación. La moqueta es siempre mucho más grande que la alfombra y se suele poner de pared a pared sujeta con clavos o grapas. La alfombra es más pequeña, tiene un remate en los bordes consistente en una puntada gruesa o un dobladillo de tela. La alfombra se usa para definir una zona en una habitación y no está fijada al suelo.

Alfombras antiguas

Se han hecho alfombras desde tiempos inmemoriales. Al principio se tejían en telares portátiles. En Oriente se utilizaban como mantas bajo la silla de montar y las alforjas; durante la época de frío la gente las usaba como capas, o como suelo en las tiendas de campaña, o para protegerse

126

las rodillas durante la oración. En Occidente las alfombras se colocaban encima de las mesas o los aparadores y como ropa de abrigo para la cama; a veces se colgaban de las paredes para proteger las habitaciones de la humedad y el frío.

En Europa y en América, a medida que fueron agrandándose los telares pudieron tejerse alfombras cada vez más anchas para cubrir espacios grandes y empezaron a asociarse específicamente con los suelos.

Los gustos de hoy

Los gustos de hoy en cuanto a las alfombras son ilimitados. En muchos países todavía se hacen a mano y muchas de las que se hacen a máquina imitan otras hechas a mano o antiguas. Una alfombra puede hacerse a medida –a un precio alto– para adaptarse a una decoración determinada. Algunos fabricantes han creado diseños específicos para adaptarse a tapicerías a juego; de ese modo se evita la molestia de tener que coordinar la decoración.

ALGUNOS TIPOS DE ALFOMBRAS

Aubusson: Inspirada en alfombras antiguas, planas y parecidas a tapices, es originaria de Francia. Suele estar decorada con motivos florales y circulares con medallones centrales. (Otro tipo de alfombra similar, también francesa, es la Savonnerie.)

Jarapa: Asociada con el continente americano, es una alfombra ovalada o circular tejida con tiras de tela estrechas.

Dhurry: Es una alfombra originaria de la India, plana y reversible, hecha de lana y a veces de algodón. Su precio varía pero la mayoría de los estilos tienen un precio razonable. Los dibujos van desde formas geométricas a pétalos sueltos sobre un fondo de color.

Enganchada: Alfombra pequeña de diseño pictórico que se hace a mano enganchando hebras de lana en una trama de cuadrícula que hace de base.

Kilim: Versión plana y de dibujos geométricos de la alfombra oriental.

De punto de aguja: Alfombra de lana tejida a mano sobre una base de tela parecida al lino. Los dibujos van desde motivos florales a pictóricos. Las más apreciadas son portuguesas.

Persas: Una definición muy amplia para una alfombra de nudos muy densos con motivos orientales, originaria de Oriente Medio y Asia Menor. Las auténticas son antigüedades muy valoradas y muy caras. Son muy imitadas en distintos grados de calidad.

Esteras: Normalmente tejida con nudos corredizos, está hecha a mano con tiras de tela trenzadas en una urdimbre de hilo de lino.

Sisal: Una de las fibras naturales de color neutro que se utilizan ahora para hacer alfombras de tejido simple. (Otras fibras de esta familia son el coco, el alga, la rafia y el yute.)

Tatami: Alfombra japonesa de paja ribeteada con una tela negra.

Hacer una alfombra de una moqueta

Como las moquetas, las alfombras también pueden tejerse planas o con una superficie esponjosa y suave. Si le gusta el tacto de una moqueta pero prefiere no cubrir el suelo por completo puede encargar que le hagan una alfombra de una moqueta. Ésta es una buena solución también si la habitación tiene una forma rara y no puede colocar una alfombra normal.

Para saber el tamaño de la alfombra que necesita, haga un plano de la habitación y dibuje en él todos los muebles que haya. Una regla rápida: todos los muebles deben pisar la alfombra por completo y debe verse un poco de suelo alrededor. En otras palabras, intente que los muebles no salgan del perímetro de la alfombra.

El fabricante cortará la moqueta y rematará los bordes como usted haya pedido. Si lo ha encargado a través de un decorador, puede considerar otras opciones, como poner un reborde de tela para darle mayor interés decorativo. El reborde puede ser del mismo tipo de tejido que la moqueta o de otra textura completamente distinta.

Tamaños convencionales

La mayoría de las alfombras se ajustan a tamaños convencionales, basados en un rectángulo dentro de una habitación. Las más pequeñas pueden llegar a tener unos 50 cm o incluso menos, y quedan mejor cuando se utilizan para resaltar un elemento arquitectónico, como por ejemplo una chimenea, o un mueble específico, como una cama. Además, estos tamaños funcionan bien en los baños, las entradas o los pasillos.

Los tamaños más normales de alfombras para una habitación son 180 x 270, 240 x 300, 270 x 360, y 360 x 450 cm. En ocasiones pueden encontrarse alfombras más grandes, de hasta 450 x 540 cm. El tamaño que elija deberá estar en consonancia con la distribución que vaya a realizar del mobiliario.

Reglas para las alfombras

Como hemos mencionado anteriormente, lo mejor es que todos los muebles de la zona queden encima de la alfombra. Cuando las patas traseras de una silla o un sillón dentro de un grupo se salen de la alfombra suelen desequilibrar el conjunto.

En un comedor, la alfombra debe ser lo suficientemente grande como para que las sillas queden dentro cuando se separen de la mesa. Si la mesa tiene alas, la alfombra debe poder acomodar la mesa completamente abierta.

En el dormitorio principal la alfombra queda bien si tanto la cama como las mesillas quedan dentro de ella. El tocador o los demás muebles accesorios pueden estar en el suelo o dentro de la alfombra, si caben.

En una habitación grande

Si la habitación es muy grande y tiene más de un grupo de muebles quizá sea conveniente definir cada grupo con su propia alfombra, incluso si el suelo tiene ya una moqueta. Las alfombras rompen el espacio en una habitación grande y aportan recogimiento. Entre ellas pueden ser iguales o compatibles. Dos o tres alfombras orientales, por ejemplo, pueden compartir los colores aunque no los dibujos; los colores serán lo que las una.

Cómo se exponen las alfombras

En los grandes almacenes o las tiendas especializadas hay muchas formas de exponer una alfombra. Cuando están colgadas en paneles se pueden ver por delante y por detrás.

Normalmente las alfombras se colocan unas encima de otras y hay que retirarlas una a una para verlas. Cuando se decida por una el vendedor la sacará para que la vea entera. Algunas alfombras de importación o antiguas se mantienen enrolladas o dobladas y enrolladas. Obviamente, en este caso hay que desenrollarlas por completo para ver el dibujo.

Decidir sobre el dibujo

La mayoría de las alfombras tienen dibujo. Es conveniente llevar siempre una muestra de la tapicería que va a utilizar en la habitación para comparar los colores y los dibujos y poder coordinarlos. (Si le da miedo mezclar dibujos quédese con las alfombras de un color, como las de sisal, o encargue una alfombra de moqueta.)

Algunas alfombras, como las Dhurry de dibujos geométricos y muchas orientales, hacen juego con muchos tipos de tapicerías según los colores, aunque los dibujos no sean iguales. Por tanto se puede ser muy creativo e incluso atrevido en la elección.

Decidir sobre el tamaño

La alfombra que compre afectará al aspecto de la habitación, así que cuando haya visto varias posibilidades y haya decidido la que quiere debe volver a pensar en el tamaño que mejor le va. En otras palabras, la alfombra que le gusta puede quedar mejor si llena casi por completo la habitación, dejando un borde alrededor de los rodapiés, y no si sólo define una zona.

Mucha gente opta por una alfombra del tamaño de la habitación para no tener problemas a la hora de decidir.

Además, una alfombra siempre parece más pequeña en la tienda que en casa porque el espacio es mucho más grande. Si no está seguro de cómo va a quedar pregunte si puede llevársela a casa para probar. Algunos grandes almacenes y tiendas de decoración lo hacen; en cambio las tiendas más pequeñas no suelen permitirlo.

Recuerde la bajoalfombra

La vida de una alfombra aumenta si se coloca sobre una base especial llamada bajoalfombra. La bajoalfombra aliviará el desgaste del tejido, amortiguará las pisadas e impedirá que la alfombra resbale.

La bajoalfombra suele venderse ya cortada pero también se puede adquirir por metros y cortarla usted mismo. La mayoría están hechas de un material parecido al látex. Si quiere mayor amortiguación para su alfombra, pida al vendedor un trozo de base para moqueta.

Si tiene miedo a resbalarse con la alfombra puede pegar una cinta adhesiva doble especial para alfombras por los cuatro lados. Presione con firmeza la alfombra contra el suelo y añada un poco más de cinta en las esquinas, que suelen despegarse con más facilidad y doblarse hacia arriba, con el peligro de tropezar.

A veces la elección de la alfombra que quiere va después de la de la tapicería, las cortinas y los manteles. En este caso lea el capítulo siguiente, que le explicará todo sobre la elección de las telas, y después vuelva a este capítulo.

EN RESUMEN

❖ Las moquetas de pared a pared son una forma suave de definir una habitación y hacerla más acogedora o de unir dos o más espacios.

❖ Elija la moqueta no sólo por su aspecto sino también por su durabilidad.

❖ La textura de la moqueta la hará más formal o más informal.

❖ La moqueta debe ser colocada por un profesional y debe tener siempre una base que la amortigüe; así durará más.

❖ Las alfombras pueden considerarse como versiones en pequeño de las moquetas o como elementos separados que forman parte de la decoración.

❖ Las alfombras se venden en varios tamaños, desde las grandes para toda la habitación hasta las pequeñas para acentuar elementos.

❖ Las alfombras tienen una variedad casi ilimitada de dibujos. Lleve una muestra de la tela que va a utilizar en la habitación cuando vaya a comprar la alfombra para asegurarse de que ambas coordinan.

7. TAPICERÍAS

Si va a comprar un mueble tapizado lo normal es que le pidan que elija la tapicería de un grupo de tejidos seleccionados por el fabricante como los más adecuados para ese mueble. Los tejidos tienen precios distintos según el tipo de fibra, la mezcla y el gasto para el fabricante.

COMPROBAR LA CALIDAD DE LA MUESTRA

Antes de decidir la tapicería, compruebe la calidad de la que hay en el mueble de muestra. Debe estar seguro de que el trabajo realizado sobre el mueble es de su gusto, independientemente del tejido que elija. ¿Es el tejido suficientemente grueso para soportar años de uso? ¿Se adapta correctamente al mueble? ¿Están las costuras rectas y sin arrugas? ¿Están ribeteadas las costuras y están rectos los vivos? ¿Están bien puestas las cremalleras de los cojines? Si hay faldillas, ¿caen bien y rectas? ¿Está forrado el mueble?

¿Es el tejido del forro –en el asiento, por debajo de los cojines– grueso y firme, aunque sea diferente a la tapicería? ¿Se coordinan los colores del forro y la tapicería?

Posición de la tapicería

Compruebe de nuevo la tapicería. ¿Está la tela colocada correctamente en el mueble, esto es, el motivo, si lo hay, está centrado en el respaldo y entre los brazos? ¿Se une bien el motivo en las costuras, incluyendo el lugar donde los cojines de los asientos se unen a la faldilla? En otras palabras, ¿tiene continuidad desde la parte alta del respaldo, en los cojines de los asientos y hasta enfrente de la base y la faldilla? Así debería estar.

Si ha quedado satisfecho con el trabajo de tapizado en la pieza de muestra puede estar seguro de que el mueble que usted compre y reciba en su casa también será de buena calidad.

ANTES DE DECIDIRSE
POR LA TAPICERÍA DEL FABRICANTE

Si después de la comprobación del tapizado decide que le gusta el sofá o la silla que le muestran pero quiere una tela diferente, pida que le den muestras de distintas telas para llevarse a casa. Con frecuencia las telas –igual que las pinturas– cambian de color con la luz de la tienda, que suele ser más fuerte que la de casa. Además la tienda puede tener sólo fluorescentes y ninguna luz natural. Siempre debe ver la tela tanto bajo luz artificial como natural para ver lo que le va más a su habitación. (Llévese siempre una muestra de la tela aunque sea la misma que la del mueble que le enseñan; es mejor prevenir que lamentarse.)

Tipos de muestrarios de tapicerías

Hay dos tipos de muestrarios. Unos son más grandes, para enseñar todo el motivo y cómo se repite; otros son pequeños y sirven para comprobar el color.

A veces se puede pedir los propios muestrarios. En ese caso las tiendas suelen poner una fecha límite para devolverlos o pedirle que los compre. Si tiene que comprarlos, puede deducir el precio del que tenga que pagar por la tela que compre. Es conveniente comprar uno o dos muestrarios porque así puede utilizarlos de referencia cuando compre alguna otra cosa para su casa, como por ejemplo una alfombra. En cuanto a las muestras pequeñas, puede llevarse a casa tantas como quiera; son gratis.

Buscar la tapicería por su cuenta

Si al final decide que le gusta el mueble pero no le convencen las tapicerías del fabricante, puede pedir otras telas en la misma tienda, si tienen más, o bien buscar usted mismo en otra tienda. En este caso es probable que el fabricante le cobre por ponérsela.

COMPROBAR LA CALIDAD

Las tapicerías deben ser resistentes al uso y el desgaste, por lo que deben ser gruesas, duras y de tejido denso. Cuando se lleve a casa las muestras analícelas despacio. Tire del tejido por los extremos y en diagonal: debe estirarse pero no dar la sensación de suelta o floja. Rásquelo; no debe salirse ninguna de las hebras. Frótelo con una goma de borrar; un tejido de baja calidad dejará hebras en la goma.

Después compruebe la composición de la fibra. Las fibras naturales, como el algodón, el lino, la lana o la seda, son muy caras. Cada una tiene sus ventajas y sus desventajas (ver el cuadro a continuación). Los tejidos sintéticos, utilizados sin mezclar, también tienen desventajas. Es preferible elegir un tejido que tenga mezcla de fibra sintética y natural para tener las ventajas de ambas.

Composición de la fibra

Como cada fibra tiene propiedades específicas, los fabricantes de tejidos suelen hacer mezclas que equilibran las ventajas y las desventajas de cada uno, igual que los fabricantes de moquetas. A veces el tejido mezcla dos fibras del mismo tipo, como por ejemplo dos naturales –algodón y lino–, por la misma razón. Mire la etiqueta para saber si el tejido que le gusta tiene mezcla y en qué proporción.

138

Muchos fabricantes de sábanas, por ejemplo, mezclan algodón y poliéster al 50/50 o al 35/65.

FIBRA	TIPO	FUERZA	FIJACIÓN DEL COLOR	DESVENTAJAS	RESISTE A
Algodón	Natural	Bastante fuerte, firme, absorbente, suave y flexible	Buena a excelente	Amarillea y/o pierde el color con el sol; hongos; arrugas	Abrasión, electricidad estática
Lino	Natural	Fuerte, firme, absorbente, flexible y brillante	Buena a excelente	Arrugas	Abrasión, decoloración, hongos, polillas
Seda	Natural	Fuerte y flexible	Buena	Luz del sol y desteñido	Arrugas, hongos, polillas
Lana	Natural	Muy fuerte, absorbente, flexible, elástica	Buena a excelente	Polillas, hongos, arrugas y bolas	Abrasión, decoloración, arrugas
Rayón	Natural	Poco fuerte, flexible, suave y brillante	Buena	Abrasión, hongos, arrugas y encogimiento	
Acrílico	Sintético	Fuerte, imita la lana, flexible	Buena a excelente		Decoloración, arrugas, encogimiento, hongos, polillas
Nailon	Sintético	Muy fuerte, sedoso, flexible, elástico	Buena	Luz del sol, electricidad estática, bolas, manchas	Abrasión, arrugas, hongos, polillas
Poliéster	Sintético	Fuerte, imita al algodón	Buena a excelente	Amarillea, electricidad estática, bolas, manchas, pelusa	Abrasión, arrugas, encogimiento, polillas, manchas
Propileno (olefina)	Sintético	Muy fuerte, no muy flexible, brillante	Buena		Humedad, hongos, manchas

Tipos de tejidos

Aunque se sepan las propiedades de las distintas fibras, es bueno conocer algunos de los tejidos que se utilizan en las tapicerías. (Hay tejidos que no son lo suficientemente fuertes para utilizarlos en tapicerías. Estos tejidos, sobre todo los algodones o las mezclas muy flojas o poco tensas, son más convenientes para cortinas, colchas o manteles.)

Otomán: Normalmente de algodón; brillante y densamente hilada con cordoncillos que siguen el hilo, o el largo de la tela, como las vetas de la madera.

Brocado: Normalmente algodón o rayón, y/o seda natural. El término denomina al dibujo que se extiende por toda la tela y es siempre del mismo color que ésta; imita al bordado.

Lona: Tela fuerte y de hilado denso, normalmente en algodón o lino; se teje en varios grosores. El tejido más fino se llama dril o loneta, y el de grosor medio, lona.

Chintz: Algodón de hilado fino que suele tener un acabado satinado y un motivo impreso, normalmente floral o de hojas. El chintz grueso y sin dibujo se llama cretona.

Pana: Algodón gordo de hilado fino que tiene pequeñas nervaduras aterciopeladas que varían en grosor.

Damasco: Algodón o seda lustrosa y de hilado fino, aunque a veces puede ser lino o rayón. El motivo es brillante sobre fondo mate.

Retor: Este término se refiere a un tejido de algodón o lino hilado muy suelto y de textura áspera y nudosa. A menudo tiene rayas o cuadros

Muselina: Algodón fino, de hilado suelto y algo áspero. Se suele utilizar como material para forros en los muebles tapizados, lo que proporciona durabilidad a la tapicería. Se mezcla con poliéster en las sábanas.

Percal: Tela de sábana suave y de hilado fino, normalmente de mezcla de algodón y poliéster.

Cutí: Normalmente algodón o lino fuerte, firme e hilado fino; suele tener rayas y se utiliza sobre todo para cubrir colchones y almohadas.

Leer la etiqueta del tejido

Encontrará la composición de la fibra en la etiqueta que está cosida o grapada en la muestra del tejido. Es importante conocer la composición de un tejido porque algunas fibras, como el algodón cien por cien o el 50/50 de algodón y lino funcionan mejor para las tapicerías o las fundas, mientras que materiales como la seda pueden resultar demasiado delicados, excepto para asientos de sillas que no se usen mucho o para cortinas, por ejemplo.

Además de la composición de la fibra, la etiqueta le dará datos de otras características de la tela como por ejemplo su anchura, su dibujo o su color dominante. El dibujo se indica con un código y probablemente con un nombre. En ocasiones también aparece el nombre del fabricante a menos que la tienda haya colocado su nombre en su lugar.

Si le gusta el motivo de la muestra que se ha llevado a casa pero no le gusta el color dominante, hay muchas posibilidades de que exista la misma tela en otros colores. Pregúntelo. Algunos tejidos sin dibujo, como las lonetas, se venden en una gran variedad de tonos, cincuenta o más.

EL ANCHO DE LA TELA

La mayoría de las telas norteamericanas que se utilizan en tapicería tienen 1,35 m de ancho, aunque también se pueden encontrar de otros anchos, desde 1,15 m hasta 1,50 m. Las europeas suelen ser más estrechas, mientras que las especiales, como las utilizadas para escenarios o para telones en el teatro, pueden ser de hasta 2,50 m o más.

Cuanto más ancha sea la tela, menos cantidad se necesita para tapizar un mueble porque tendrán que coserse menos piezas para cubrirlo. Asegúrese de tener en cuenta el ancho de la tela cuando calcule la cantidad que necesita.

LOS MOTIVOS REPETITIVOS

La repetición de un motivo, como ya hemos mencionado, indica que el dibujo se repite en toda la tela. Cuanto más grande sea el motivo más tela necesitará para cubrir el sofá o el sillón. ¿Por qué? Porque para que quede bien los trozos de tela que se utilicen en el mueble deben ajustarse para continuar el dibujo en las costuras y así se gasta más tela. Habrá muchos trozos sobrantes. Guarde esta tela para hacer fundas para los brazos. Estas fundas se meten en los brazos del mueble para protegerlos del uso y, aunque éstas también se desgasten, es más fácil reemplazarlas, algo que resulta mucho más difícil con los brazos del mueble. En cambio un motivo pequeño o una tela lisa no tienen estos problemas, ya que producen muy poca tela sobrante.

Colocar la tela a lo largo o por trozos

Si la tela es lisa o tiene un motivo pequeño sin dirección fija, el tapicero puede ahorrar todavía más tela colocándola a lo largo del mueble en lugar de por trozos. Esto no afecta al aspecto general del mueble.

Si la repetición del motivo es mayor de 10 cm, o tiene una dirección evidente, la tela deberá cortarse de atrás hacia delante, de arriba abajo, y por encima del mueble. Cuanto más grande sea el mueble más posibilidades hay de que tenga costuras y por tanto se necesita más tela para poder ajustar el dibujo en ellas.

CONSIDERAR EL CUIDADO DE LA TELA

Por último, antes de elegir la tela debe considerar su facilidad de cuidado. Muchas tapicerías están tratadas con repelentes de manchas que prolongan su vida. Este tratamiento también es resistente a la humedad y retarda la aparición de llamas. Fíjese en la etiqueta.

Si los cojines tienen fundas con cremalleras, averigüe si son lavables y cómo. ¿Encogerán si se lavan? ¿Pueden lavarse o deben limpiarse en seco? El algodón sin brillo, por ejemplo, puede lavarse pero la lana o la seda deben limpiarse en seco. Compruébelo.

Pregunte si la limpieza afectará al color. ¿Se decolorará si se lava? ¿Afectará la luz directa del sol al color? Las fibras naturales tienden a decolorarse con el tiempo mientras que las sintéticas mantienen mejor el color. Una mezcla de fibra natural y sintética mantendrá mejor el color que una natural. ¿Qué prefiere? A algunos no les importa que la tela se decolore mientras que otros prefieren que mantenga el brillo siempre.

¡Cuidado! Nunca quite las fundas interiores de los cojines para limpiarlas; son las que mantienen unido el relleno.

Repelentes de manchas

Si la tela está tratada con repelentes de manchas, ¿se disolverán éstos al lavarla? Pregunte en la tintorería por si pudieran recuperar ese tratamiento. Si quiere hacerlo usted mismo existen productos para hacerlo, aunque suelen ser menos efectivos que la capa original porque no penetran tanto.

EL COLOR DE LA TELA

Una vez comprobado todo volvemos de nuevo al principio: el aspecto de la tela y cómo coordina con el resto de la decoración.

Si se ha llevado muestras a casa podrá saber si la tela funciona bien en la habitación, pero de todas formas, ¿hay alguna regla rápida que se pueda seguir?

En realidad, no. Como un sofá es una pieza grande lo mejor es no elegir un color o un dibujo que se imponga demasiado. El sofá siempre dominará la habitación en la que está, y por eso lo mejor es no resaltar más su presencia. Durante muchos años la gente prefirió coordinar todas las telas de una habitación (igual que preferían que todos los platos de la mesa pertenecieran al mismo juego). Y así la tapicería que utilizaban en el sofá hacía juego con la tela de las cortinas. Hoy en día no se piensa así y la gente prefiere mezclar y coordinar dibujos más que antes.

Probar colores

Los decoradores suelen crear paneles para comprobar cómo quedarán juntos los distintos elementos de una habitación. Usted también puede intentarlo. Corte un panel de cartón o cartulina. Primero pegue la tarjeta de la pintura que ha elegido para las paredes; luego pegue todas las muestras de tela que está considerando colocar en esa habitación.

¿Cuántos tipos de telas diferentes quiere poner en la habitación? Una regla rápida: tres telas principales, una para el sofá y quizás las sillas complementarias; otra para un sillón o una butaca; la última para las cortinas. Si es atrevido puede añadir otras en los cojines, en un escabel, o en las pantallas de las lámparas.

Por otro lado, si no le gusta mucho la apariencia ecléctica de distintos tipos de telas, elija una o dos para los muebles más grandes. En este caso es conveniente que ponga un tono neutro y liso en el sofá, pero recuerde que el beige requiere mucha limpieza. Si prefiere otros tonos neutros, escoja verdes o grises. Si le gusta el color, elija una tela con dibujo de un color que vaya a utilizar en otro mueble de la habitación o en la alfombra.

Tintadas

Cualquiera que sea el color que elija, pida que le den toda la tela que necesita del mismo lote de tintada. Aunque lo intenten, los fabricantes no pueden nunca asegurar que una tintada de tela será exactamente igual a la siguiente. Siempre hay una ligera variación de tono entre las tintadas. Si puede pida que le den una muestra de la tela antes de cortarla.

TEXTURA E HILADO

Algunas telas quedan mejor en un mueble tapizado que otras. Aparte del color y el dibujo se debe considerar también la textura.

Si va a elegir un color liso o un dibujo pequeño quizá convenga añadir interés visual a la decoración con la elección de una textura especial. La textura más simple es un hilado normal de lino. Como su nombre indica es el hilado normal del lino. También se utiliza con la lona y el chintz. Existen otros tipos de hilado, como el que tiene una pequeña marca que se repite, o el que tiene un cordoncillo diagonal o el que tiene nervaduras en la dirección del hilo.

LOS DIBUJOS MÁS POPULARES

Aparte del chintz, que suele tener dibujos florales con capullos o ramos de flores, hay una gran variedad de motivos para tapicerías.

El damasco de algodón grueso suele utilizarse mucho

en muebles tapizados. Los damascos suelen ser de un único color; como ya hemos dicho en el cuadro de telas, el diseño del motivo se forma jugando con tonos distintos creados por el mismo tejido.

Los Paisleys son dibujos multicolores basados en un motivo que parece una coma grande o una lágrima, que a su vez representa una planta estilizada. Los dibujos están esparcidos ordenadamente en la tela.

El motivo geométrico más sencillo es la raya; las rayas varían en tamaño, desde finas como hilos hasta anchas de varios centímetros. Estas últimas se conocen como rayas de entoldado porque se ven muy a menudo en los toldos. Otro motivo geométrico muy utilizado es el de damero.

Mezclar dibujos

Cuando se juega con distintos dibujos lo mejor es mezclar uno grande con otros más pequeños. Muchos fabricantes crean colecciones ya coordinadas para ahorrar a los clientes la labor de decidir. Normalmente un motivo grande se coordina con otro de rayas o con varios de dibujos pequeños, extendidos y sin dirección evidente, además de con una gran variedad de telas lisas de colores compatibles.

Si puede obtener una muestra de la tela de motivos grandes que tenga el remate del ancho, es posible que encuentre una serie de puntos de colores a lo largo de este remate. Estos puntos son los colores utilizados en el dibujo, y por tanto también los colores compatibles con la tela.

Adornos

Los adornos se pueden combinar con las telas de forma interesante. Normalmente un mueble tapizado se remata con un cordoncillo forrado de la misma tela de la tapicería. Pero puede elegir poner un remate en un tono distinto o no poner ningún adorno, o poner uno más ancho o doble.

Y si no le importa incurrir en gastos, puede cambiar la faldilla del sofá o sillón por una banda, o incluso acentuar esta faldilla con una cinta colocada a lo largo de la costura.

Estilos de la faldilla

Una de las opciones que tiene cuando tapiza un sofá es el tipo de faldilla que quiere ponerle. Si no pide una especial, probablemente le hagan una faldilla con tablas sencillas en las esquinas y una tabla más en la costura central. Una variación de este estilo es continuar las tablas por todo el contorno del mueble. En cuanto a las variaciones en las esquinas se incluyen el doble tableado, y el fruncido interior. Si la tela que ha elegido es lo suficientemente fina puede pedir fruncido en toda la faldilla.

Caída de la falda

Normalmente la faldilla cae hasta el suelo desde algún punto a mitad de la base del sofá o el sillón. Si le gusta, puede pedir que la faldilla caiga desde la base del asiento, justo por debajo de los cojines.

Las faldillas largas llenan más que las cortas, sobre todo si son fruncidas. Asegúrese de que el estilo que elige está en proporción con el respaldo y los brazos del mueble antes de decidirse. El largo de la faldilla no debe exceder la altura del respaldo del mueble para no parecer rechoncho.

PONER FUNDAS EN LOS MUEBLES TAPIZADOS

Como un sofá, un sillón o una butaca son bastante caros, deberían durar bastante tiempo. Por esta razón mucha gente decide cubrirlos una vez que la tapicería se ha desgastado por el uso. Otros prefieren poner fundas en sus muebles sólo durante una temporada, como cambio en la decoración. Otros a su vez prefieren proteger su inversión poniéndole siempre las fundas para protegerlos de las manchas y el polvo inevitables en la actividad diaria, quitándolas sólo cuando tienen invitados.

La opción de las fundas

Hoy en día muchos fabricantes ofrecen la posibilidad de hacer unas fundas complementarias cuando se compra del mueble. Esta decisión es ventajosa para el cliente, sea cual sea el uso que vaya a tener el mueble. Aunque no se vaya a usar la funda inmediatamente, siempre puede guardarse para el futuro.

Las ventajas de las fundas

Las fundas no sólo protegen la tapicería sino que además tienen un mantenimiento más fácil. La funda se puede quitar para limpiarse y volverse a colocar una vez limpia. Además es una forma estupenda de revestir un mueble viejo que le han dado o que ha comprado en un mercadillo de antigüedades.

Tejidos de las fundas

Como las fundas deben ponerse y quitarse con facilidad, el tejido que se use debe ser más suave y flexible que el de la tapicería típica. Las lonetas finas y el chintz son los más comunes porque son a la vez resistentes y fáciles de lavar. El lino también se utiliza pero se arruga mucho. Para darle un aspecto más formal puede utilizarse un damasco fino.

La opción de las sábanas

La tela de sábana es muy económica. Vendidas por metros, las sábanas son las telas más baratas que se pueden comprar y por eso muchas revistas de decoración sugieren su uso si el presupuesto no es muy alto. Además, las sábanas son lavables, mientras que muchas fundas no lo son. Las sábanas se meten tranquilamente en la lavadora y, después de secas, se vuelven a colocar en el mueble con la misma facilidad con que se colocan en la cama. La única desventaja es que son muy transparentes y no quedan bien si la tapicería es muy oscura o tiene dibujos grandes que se transparentarán en la tela.

Encargar las fundas a un profesional

A menos que se sea muy habilidoso con la aguja y el hilo, lo mejor es encargar las fundas a un profesional. Una funda es voluminosa y requiere habilidad, sobre todo para coser las cremalleras o el velcro para cerrarlas. Cualquier tapicero que encuentre en las *Páginas Amarillas* puede hacerle una funda. Las tiendas de decoración también tienen profesionales que trabajan para ellos, aunque se lo harán siempre que les compre a ellos la tela.

Tapiceros a domicilio

Muchos tapiceros acuden a su casa para darle presupuestos basados en la tela que elija, la cantidad de ésta que precisa y el trabajo necesario. Normalmente ellos tienen una amplia selección de telas apropiadas para fundas, así que puede hacer la elección en el momento. Si quiere comprar usted la tela es posible que el tapicero le cobre un extra ya que normalmente ellos se llevan un porcentaje de las telas que venden.

Una vez elegida la tela, el tapicero la llevará a su casa y la cortará directamente sobre el mueble. Después se la llevará para coserla y, cuando esté terminada, la ajustará al mueble. También podría pedir que se llevaran el mueble y lo trajeran ya con la funda, pero no es necesario.

Cuando las paredes y el techo estén pintados y los suelos arreglados, la habitación ya está preparada para decorar. Todo lo que uno necesita para sentirse cómodo a diario es un lugar para sentarse y descansar, un lugar para comer y trabajar, un lugar para dormir y zonas de almacenamiento. Lo prioritario es un lugar cómodo para sentarse. Por eso –y porque acabamos de hablar de las telas– empezaremos con los muebles tapizados y cómo se hacen. Así tendrá la información necesaria para tomar decisiones cuando compre sus muebles.

EN RESUMEN

❖ Estudie el tejido en cualquier muestrario antes de hacer su elección. Asegúrese de que el tejido queda bien en el mueble y se adapta perfectamente, sin arrugas ni bolsas.

❖ Llévese a casa muestras de las telas que le gusten para probar la luz de la habitación sobre ellas. Tire del tejido, rásquelo y arrúguelo para comprobar que es fuerte.

❖ Piense en cómo va a cuidar la tela una vez puesta en el mueble.

❖ Elija un color y un motivo que no le vayan a cansar.

❖ A veces el mueble tapizado puede adornarse de formas distintas; pregunte si tiene alguna opción distinta a la convencional, como por ejemplo en el remate o la faldilla. Algunos muebles pueden tener cojines adicionales. Pregunte.

❖ Considere la idea de una funda para su mueble tapizado, bien para cambiar la decoración permanentemente o sólo para un cambio estacional.

8. MUEBLES TAPIZADOS

Los muebles que más utiliza deben ser aquellos en los que más dinero se gaste. A menos que sea su primera casa y piense cambiarla más tarde, invierta en muebles tapizados tanto como le sea posible, al menos para las habitaciones que más vaya a usar. Todo el dinero de más que se gaste en un sofá, un sillón o una butaca de buena calidad, firme y bien mullida, o en los tres, lo amortizará a la larga.

DÓNDE COMPRAR MUEBLES TAPIZADOS

Los muebles de este tipo se venden en muchas tiendas distintas. Las más comunes son los grandes almacenes y las tiendas de muebles. También hay pequeñas tiendas de fabricantes particulares, que suelen ofrecer de todo, desde lámparas a sofás o cuadros para las paredes.

Comprar muebles por catálogo

Se pueden comprar muebles por catálogo pero tiene que fiarse de las fotografías y las descripciones del catálogo. La fotografía puede ser engañosa, sobre todo en los colores y la textura, y tampoco puede asegurar la calidad de la construcción del mueble.

Si va a elegir este tipo de compra compruebe si hay posibilidades de devolver el mueble en caso de que no le guste. Normalmente hay que devolverlo en su embalaje original. Si puede, desembale y examine el mueble antes de que se vaya el camión de reparto; así puede devolverlo inmediatamente si está dañado o no corresponde a las características descritas en el catálogo.

VER POR DEBAJO DE LA TELA

Igual que no se puede juzgar un libro por las tapas, tampoco puede dejarse distraer de la calidad de la construcción de un sofá o una silla porque tenga una tela magnífica. La primera impresión es importante, por supuesto, porque la forma y el estilo estarán determinados por el aspecto del mueble dentro de la habitación; pero recuerde que normalmente se puede elegir una tapicería distinta a la que tiene el mueble que le están enseñando.

Una primera prueba

Antes de comprobar la calidad de la construcción del mueble que le gusta, haga una primera prueba para ver si se adapta a su cuerpo. Siéntese. ¿Es lo suficientemente profundo, o se hunde demasiado? En ese caso, ¿mejorará con unos cuantos cojines más? ¿Le es cómoda la altura del respaldo? ¿Y el ángulo del respaldo?

Muévase en él. ¿Se deforma el cojín del asiento? No debe sentir ningún bulto, ni chirriar, porque esto indicaría que hay algún muelle defectuoso. El armazón tampoco debe moverse ni chirriar.

PARTES DEL ARMAZÓN

Casi todos los muebles tapizados tienen cuatro componentes: el armazón (normalmente de madera, pero a veces también de metal); los muelles (a menos que sea todo de gomaespuma); el relleno (que suele envolver el armazón) y la tela.

El armazón

Cuando haya localizado el mueble que le gusta, pregunte al vendedor de qué madera está hecho el armazón y pida que le muevan el mueble para poder examinarlo por detrás.

El mejor armazón es el de madera dura, lijada y secada en horno, como por ejemplo el nogal, el arce o el olmo, y cuanto más grueso, mejor. Pregunte al vendedor si el ar-

155

mazón de la pieza que le gusta es de alguna de estas maderas. Si la madera no está secada en horno podría encoger y
torcerse con el tiempo. Y si no está lijada podría astillarse
o partirse.

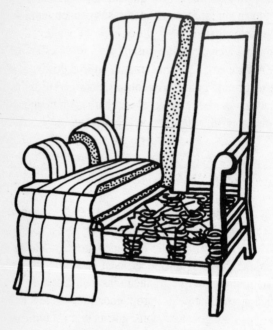

Construcción de una butaca tapizada

Los dos pares de patas, frontales y traseras, deben ser
del mismo grosor. Los muebles más pesados tienen unas
tiras que actúan de soporte y que sujetan las patas de lado
a lado y de delante a atrás para darles mayor resistencia.
Los soportes tienen forma de H.

Todos los ensambles deben ser fuertes. Los más fuertes están enclavijados. Las clavijas son piezas finas y cilíndricas, parecidas a tacos de madera, que se insertan en las piezas para unirlas; una vez colocadas, las clavijas aguantan el ensamble y las dos piezas quedan unidas. Las clavijas no se suelen ver; sólo en algunos casos pueden notarse ligeramente los finales.

Para mayor sujeción los ensambles pueden estar encolados. Algunas piezas se refuerzan con tacos; los tacos son piezas de madera cortadas en forma de cuña y atornilladas en el ángulo que hay detrás del ensamble para mantenerlo en su sitio y reforzar la parte de abajo del armazón.

Si ve gotas de cola, grapas o clavos, esto indica construcción de poca calidad.

El soporte y los muelles

El asiento de un mueble tapizado está sujeto por tiras anchas de tela. Este soporte puede estar hecho de yute, una fibra natural con la que se hacen las cuerdas, o de fibra sintética, normalmente polipropileno, que resiste a la humedad y los hongos. Para conseguir mayor estabilidad el soporte debe estar hilado fuerte y bien sujeto al armazón.

El soporte es la base para los muelles, que suelen estar hechos de acero. A veces el respaldo del mueble tiene también unos muelles especiales en zigzag.

Pero la mejor sujeción es la de los muelles que se han atado y enrollado ocho veces a los muelles adyacentes con cuerda natural. Cuando pregunte por la construcción del mueble que le gusta debe asegurarse de que tiene veinticuatro muelles por asiento, la cantidad adecuada para asegurar la comodidad y la durabilidad.

El relleno

El armazón, el soporte y los muelles deben estar rellenos para que no se sientan a través de la tapicería. Si presiona cualquier parte del mueble y puede notar los muelles, esto es signo de mala construcción. También puede comprobar si hay bultos. El relleno bien hecho debe ser homogéneo en todo el mueble.

Tradicionalmente el relleno se ha hecho de pelo de caballo o de algodón. Hoy en día lo normal es hacerlo de poliéster, fibra, y en ocasiones de gomaespuma. Si el relleno está colocado en capas, la superior puede ser de plumas metidas entre dos capas de tela.

En muebles de muy alta calidad, todo el armazón está recubierto con muselina para asegurar el relleno y como forro sobre el que tapizar posteriormente.

COJINES

Un sofá o una silla tendrán seguramente cojines; muchos tienen cojines en el asiento y en el respaldo. Debe comprobar la fabricación de los cojines al igual que lo hace del armazón. Cada cojín tiene que llevar una etiqueta que diga cómo está relleno. Para una máxima comodidad, los cojines del asiento y del respaldo deben ser muy parecidos, es decir a un cojín del respaldo firme debe corresponderle un cojín del asiento igual de firme. Si uno es firme y otro blando no estará cómodo. Si el respaldo es blando y el asiento duro, sentirá como si se hundiera para atrás demasiado, y viceversa.

El relleno de los cojines

Los rellenos más firmes están hechos de espuma de poliuretano, de fibra de poliéster, o con muelles de acero encajados individualmente. Los más blandos están rellenos de plumas de oca, material preferido por los decoradores. Además existe el relleno de plumas sobre espuma –o fibra– y el de plumas sobre muelles.

Cuando compra un sofá o una butaca a veces le dan a elegir el relleno de los cojines. Pregunte al vendedor. La decisión más importante es la firmeza que se desea. ¿Cuánto quiere hundirse en el sofá o la butaca? Compruebe también si los cojines vuelven a su posición original y cuánto tardan. ¿Tendrá que ahuecarlos cada vez que se sienta?

Forma y aspecto de los cojines

Todos los cojines deben adaptarse perfectamente al armazón del mueble. Los cojines del asiento no deben sobresalir del frente del armazón. Los brazos del mueble son los que dictan la forma del cojín del asiento. Si los brazos están un poco metidos hacia atrás el cojín suele extenderse por delante del brazo. Los cojines de las butacas que sólo tienen uno en el asiento suelen tener forma de T. Un sofá que tiene varios cojines necesita dos con forma de L en los extremos y uno o dos más cuadrados o rectangulares en medio.

El cojín debe ser grueso y tener la misma firmeza en ambos lados para poder darle la vuelta. Siéntese en ambos lados de cada cojín y apóyese en todos los cojines del respaldo para comprobar que no hay bultos en el relleno.

Para facilitar su mantenimiento los cojines deben estar forrados de muselina. Así podrán quitarse las fundas de tapicería para lavarlas. Las cremalleras de la tapicería deben estar rectas y no tener arrugas. Tampoco debería haber arrugas en las costuras de los cojines.

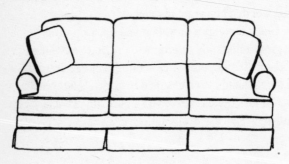

Sofá de cojines con brazo tipo Lawson y tablas en la faldilla

LA FORMA DEL SOFÁ O LA BUTACA

Después de hablar de la construcción de los muebles llegamos por fin al mismo punto en que empezamos: el aspecto del sofá, del sillón o de la butaca. Estos muebles suelen tener una forma ya predeterminada por un estilo en concreto.

En ocasiones es posible elegir la forma de brazo o pata que a usted le gusta sin que esto le suponga un gasto extra.

TIPOS DE RESPALDO

De cojines: Silueta lisa y ligeramente rechoncha, de respaldo recto complementado con cojines y brazos más bajos que el respaldo.

Lomo de camello: Basado en diseños del siglo XVIII. Los brazos bajan poco a poco desde el respaldo, dependiendo de la curva y el ángulo de éste, y se curvan hacia fuera. El respaldo puede tener varias ondas o «jorobas». Una versión americana de este sofá es el de «respaldo de corazón» que tiene una doble curva en el centro.

Chesterfield: Es una mezcla entre el de cojines y el de «esmoquin». Tiene una especie de botones llamados capitoné que sujetan la tapicería. A veces se le llama también chéster.

Tuxedo: Tiene un aspecto recto y cuadrado, los brazos son continuación del respaldo tanto en altura como en anchura.

Sillón de lomo de camello con pata tipo Marlborough

LAS PATAS DEL SOFÁ

Si decide no ponerle faldilla al tresillo o al sillón, quizá le permitan especificar el tipo de pata que quiere.

Cabriola: También llamada Reina Ana, está basada en un diseño del siglo XVIII. Es una pata cónica con doble curva, normalmente terminada en un pie plano y ovoidal sobre una base con forma de disco.

Marlborough: Una pata recta y cuadrada, a veces adornada con acanalados (nervaduras verticales, estrechas y semicirculares); normalmente termina en un pie cuadrado.

Parsons: Una variación de la pata Marlborough pero más gruesa y normalmente tapizada. También existe una variedad ligeramente cónica hacia la base del mueble. No tiene pie.

Bola: Puede estar hecha de madera o tapizada. A veces aguanta directamente el asiento y otras es la terminación de una pata. Una variedad antigua es la de garra y bola (literalmente una garra de águila que agarra una bola).

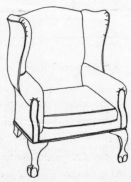

Butaca de orejas con pata de garra y bola

BRAZOS

Cuando encarga un tresillo, un sillón o una butaca, quizás tenga la posibilidad de elegir también el estilo de brazo que quiere que tenga.

Inglés: El frente del brazo está ligeramente elevado con respecto a la parte de detrás y algo curvado hacia fuera. Suele tener pliegues en la parte frontal cuando gira hacia abajo.

Lawson: Brazo algo curvado; entre las variaciones están un brazo con pliegues o «en cascada», que suelen salir desde un botón central, y otro parecido pero más corto y grueso.

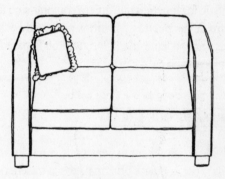

Sofá con brazo Tuxedo

De cojín: Brazo de diseño moderno compuesto de un cojín que descansa sobre un armazón cuadrado y recto del tipo Tuxedo; suele utilizarse en la tapicería de piel.

De rulo: Cilindro estrecho y exagerado; si el brazo está dividido por una costura el cilindro se enrolla por encima del armazón.

Tuxedo: Se extiende directamente desde un respaldo recto; tiene una variación en la que el brazo cae hacia abajo.

TAMAÑOS DE UN SOFÁ

Un sofá de dos plazas suele medir alrededor de 1,60 m de largo. El de tres plazas puede ser bastante más grande, hasta 2 m o más, si lo encarga. Si quiere crear un espacio de asiento más grande, tendrá que hacer su propia configuración con sofás modulares.

La profundidad y la altura del respaldo del sofá varían. Antes de tomar una decisión debe tener en cuenta no sólo el tamaño de los muebles que quiere comprar sino también la anchura de las puertas y pasillos por donde el mueble tiene que pasar, además de la longitud de la pared donde quiere colocarlo, si es el caso.

ASEGÚRESE DE QUE ENCAJA

No se olvide de anotar cómo tienen que entrar los muebles en su casa: ¿por la puerta principal, por la trasera o por un pasillo? ¿Hay que subir en ascensor? En este caso será necesario medir las dimensiones de la cabina del ascensor y las de los accesos a él.

¿Hay salientes en el camino? ¿Tendrá que girar el mueble por esquinas? ¿Hay sitio para maniobrar?

Cuando compre el mueble llévese el plano de distribución para discutir con el vendedor las distintas opciones que tenga.

BUTACAS

Aunque las butacas son más pequeñas que los sofás, también ocupan bastante espacio y deben medirse de la misma forma que éstos.

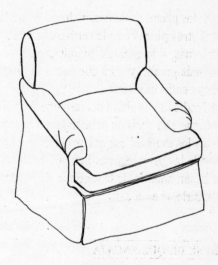

Butaca

Un sillón de orejas, por ejemplo, tiene normalmente el respaldo muy alto y un asiento muy profundo, lo que dificulta su maniobrabilidad en una puerta o una esquina. Los butacones o las butacas de herradura son más fáciles de mover. Consulte el plano de distribución y al vendedor antes de decidirse por un tipo especial de butaca.

TIPOS DE BUTACAS TAPIZADAS

Butacón: Es el tipo más común. Suele ser mullido, bastante rechoncho y con los brazos más bajos que el respaldo. Los brazos suelen estar un poco metidos hacia atrás para colocar por delante un cojín en forma de T.

Fauteuil: Sólo tapizadas parcialmente; el armazón queda expuesto y enmarca la tapicería. Los brazos del tipo Fauteuil están completamente tapizados al igual que el respaldo, mientras que en el tipo Bergere están abiertos y sólo tapizados por la parte de arriba, como un cómodo reposabrazos.

Descalzadora: Pequeña, sin brazos y normalmente de patas cortas, suele estar relegada al dormitorio. Puede o no tener un cojín separado.

De herradura: Los brazos y el respaldo de la butaca forman una curva continua; suele estar acolchada para darle mayor interés.

De orejas: La solución antigua para combatir las corrientes; las orejas situadas entre el respaldo y los brazos protegen a la persona que se sienta en la butaca. Las patas normalmente están a la vista; el respaldo y los brazos suelen estar tapizados parcialmente, con el armazón expuesto.

Silla descalzadora

Butaca de herradura con asiento acolchado y faldilla

OTROS MUEBLES TAPIZADOS

Para evitar la confusión, en las secciones anteriores sólo hemos hablado de sofás y butacas, pero hay otros muebles que también están tapizados.

Sofá cama

El sofá cama es un mueble imprescindible en muchos apartamentos, y en las salas de estar y habitaciones de invitados de muchas casas. Un sofá cama debe medirse aún con más cuidado que un sofá normal debido al mecanismo que sujeta el colchón. Compruebe que la cama se abre y se cierra con facilidad y sin romper las sábanas. ¿Tiene alguna garantía el mecanismo de cierre?

Compruebe también el grosor y la firmeza del colchón, y si es cómodo para dormir en el centro y en los lados; no debe hundirse por ningún sitio. Y por último asegúrese de que caben dos personas en el sofá si así se anuncia.

Como un sofá cama suele ser más profundo para acomodar el mecanismo de cierre, debe tomar bien las medidas del que le gusta para ver si le va a caber por las puertas y esquinas. Mire también el espacio que le ocupa cuando está abierto. Debe poder pasar a su alrededor sin sentirse encajonado.

Un sofá cama es un mueble que pesa mucho, así que debe elegir bien dónde quiere colocarlo para no tener que moverlo después.

Sofá modular

Un sofá modular es exactamente eso; un sofá tan grande que está dividido en módulos. Los módulos se encargan por separado y se juntan para crear la configuración que mejor se acomoda a la habitación. Como cada módulo está tapizado y terminado por todas partes puede colocarse independientemente. Estos sofás son los más flexibles para organizar los espacios de asiento, y en particular para habitaciones muy grandes en las que quiera hacer zonas de asiento separadas.

El sofá modular más simple tiene uno o dos módulos de brazo (uno derecho y/o uno izquierdo), módulos sin brazos y módulos en esquina. Los módulos de brazo pueden alargarse para convertirse en una *chaiselongue*. Las piezas finales sin brazos ni respaldo pueden retirarse del sofá y utilizarse como otomanes.

Algunos sofás modulares tiene mesitas esquineras a juego que pueden sustituir a los módulos de esquina.

Con el plano de distribución delante, sume todos los anchos de los módulos que quiere colocar. ¿Cuántas unidades caben en la habitación? ¿Qué forma quiere hacer con el sofá? ¿Una L? ¿Un arco? ¿Una U? ¿Quiere que todos los módulos estén juntos o prefiere separar uno o dos para moverlos libremente según lo necesite?

Cama de día

Una cama de día es normalmente más estrecha que una cama normal. Si tiene respaldo, no estará tapizado. Los brazos y la base pueden estar tapizados y tiene un cojín grueso que hace las veces de colchón. Las camas de día suelen tener almohadas y/o cojines para hacerlos más mullidos.

Futón

El futón es una alternativa popular y barata del sofá. Es un colchón firme con una funda de algodón que se dobla y descansa bien directamente sobre el suelo o bien sobre una base de madera extensible.

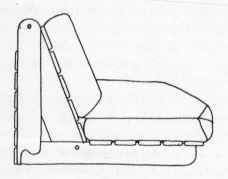

Futón plegable

Como el futón suele elegirse como mueble de diversos usos, el tamaño que escoja dependerá de si va a utilizarlo como cama.

Chaiselongue

Una *chaiselongue* es como una butaca pero con el asiento alargado. Puede tener uno o dos brazos, siempre situados por debajo del respaldo, que puede ser recto o curvo, acanalado, con capitoné o simplemente liso.

Otomán

De la misma familia que el escabel, una pequeña banqueta utilizada para reposar los pies y tapizada sólo en la parte de arriba, el otomán suele hacerse a juego con una butaca. Por sí mismo puede ser cuadrado, rectangular o redondeado. Si el cojín superior es lo suficientemente firme o si tiene una bandeja, puede servir como mesita auxiliar. Un otomán realmente funcional es el que se mueve con ruedas. El puff es un otomán más grande y redondo (generalmente con botones).

Una vez que ha decidido los diferentes muebles tapizados que va a comprar y el lugar donde los va a colocar, es el momento de pensar en el resto de los muebles que complementarán la decoración. En el capítulo siguiente estudiaremos estas piezas, entre las que se incluyen pequeñas sillas auxiliares (en general sin tapizar), mesas, escritorios, armarios y aparadores, y otros muebles menos funcionales que no tienen más propósito que sostener una planta o exhibir un objeto. En el capítulo que sigue a ése, hablaremos de las camas.

EN RESUMEN

❖ Los muebles tapizados (sofás, sillones o butacas) son los que están diseñados para sentarse o descansar en una sala de estar.

❖ Compre el mueble de mayor calidad que se pueda permitir.

❖ Compruebe la construcción del mueble —el armazón, la sujeción, los muelles— y asegúrese de que está bien hecho.

❖ Antes de decidirse por la tapicería mire el forro del mueble de muestra.

❖ Mire también los cojines porque son sobre lo que se sienta y en lo que se apoya. Es importante que sean cómodos.

❖ Por último, fíjese en que la pieza que elija pase por las puertas y quepa en el lugar para el que la va a comprar.

9. MOBILIARIO

Una vez decididos los tapizados que van a conformar las zonas de estar de su casa, el resto de los muebles se adaptan a ellos para completar la decoración. Las sillas auxiliares, las mesas, los armarios y las librerías llenan cada habitación como respuesta a las necesidades individuales y los gustos personales.

La mayoría de estos muebles estarán hechos de madera o un sustituto parecido y luego terminados con otro material como plástico laminado, acero inoxidable, hierro y otros metales, cristal (normalmente combinado con un metal), o mimbre y ratán.

Antiguamente un mueble de madera estaba siempre construido con madera. Hoy en día no suele ser así. Muchos fabricantes construyen los muebles de contrachapado y después los acaban con chapas (capas finas de madera de entre 0,2 y 3 mm de grosor). El contrachapado está compuesto por capas de láminas de madera encoladas entre sí a alta presión (o láminas de compuestos como las virutas de madera encoladas a alta presión) y se utiliza porque es indeformable y mucho más duro que muchas maderas macizas.

Muchas antigüedades también están hechas de aglomerado. El aglomerado antiguo –generalmente de maderas exóticas o raras– debía ser meticulosamente cortado y montado. Un mueble antiguo de contrachapado puede llegar a costar muy caro por el laborioso trabajo manual que llevaba implícito.

Madera sólida

El término «madera sólida» puede utilizarse para muebles hechos de distintos materiales. Este nombre se aplica sólo a las superficies expuestas o decorativas; las partes del mueble que no se ven pueden ser de contrachapado o cualquier otro material.

Ventajas de la mezcla de maderas

Mezclar maderas sólidas, compuestos y chapas puede parecer una medida para abaratar el mueble, y así es en muchos casos. Con la subida constante de los precios de la madera, y con la desaparición progresiva de algunas maderas, las chapas proporcionan la apariencia de maderas exóticas o raras a precio mucho más bajo.

Mire con atención el trabajo de la chapa. ¿Están rectas las láminas que componen la chapa? ¿Están lisos los ensambles? Estos detalles caracterizan un trabajo de calidad.

Imitaciones de madera

La imitaciones de madera son plásticos o papeles laminados que imitan el aspecto de la madera y pasan por ser chapas de madera. Muchas de las estanterías baratas y otros muebles auxiliares que se venden como de madera tienen en realidad una capa de imitación de madera.

¿Madera dura o madera blanda?

La mayoría de los muebles de buena calidad están hechos de madera dura como el roble; en cambio los muebles más baratos están hechos de madera blanda, como el pino. También hay muebles hechos con maderas de frutales, como por ejemplo cerezo o manzano.

Algunas de las maderas preferidas desde hace mucho tiempo, como la caoba o el nogal, son ahora cada vez más raras. Su aspecto se imita con barnices sobre otro tipo de maderas duras. Pregunte si el mueble que le gusta es de madera real o si sólo es una chapa o un acabado que imita a madera.

Trasera acabada o sin acabar

Tradicionalmente, muchos muebles que no estaban hechos para verse por todos los lados, como por ejemplo las cómodas, tenían las traseras y las bases de los cajones de otra madera de peor calidad, más barata y sin acabado o barnizado de ningún tipo. Así, un mueble que se usa para guardar y exponer objetos normalmente suele estar pegado a la pared y por eso tendrá una trasera de madera de peor calidad más fina.

Si va a colocar un mueble de este tipo en una habitación de forma que se vea por todos lados, asegúrese de que tiene la trasera acabada igual o parecida a la parte de delante, o si no, pida que se le modifique el mueble.

Madera verde

Hoy en día, algunas de las maderas que se cortan para utilizarlas en carpintería y mobiliario no están del todo secas. Cuando la madera está verde es vulnerable a la deformación, se astilla y se resquebraja. Los muebles baratos (sobre todo las sillas y las mesas) pueden estar hechos de madera verde. Por eso debe mirar cuidadosamente cada pieza antes de comprarla. Busque grietas y astillas en el armazón, y sobre todo por debajo del asiento o del tablero. Mire también el color de la madera; a veces adquiere un tono verdoso.

ENSAMBLES

Cuando esté pensando en comprar un mueble de madera siempre debe fijarse en los puntos de unión de las piezas de madera. Si las piezas están sólo encoladas o unidas con clavos se llama ensamble a tope, y es muy poco resistente, así que es probable que se rompa con el uso. Una unión a inglete, en la que las piezas se cortan y unen con un ángulo de 45°, es mucho más resistente.

Los ensambles más resistentes son las llamadas de cola de milano y de caja y espiga, porque ajustan perfectamente un extremo de la madera a otro.

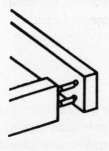

Ensamble con clavijas

Ensamble con taco de refuerzo

El ensamble de cola de milano tiene pequeños entrantes y salientes que encajan unos en otros como las piezas de un puzzle. En el ensamble de caja y espiga hay una pieza saliente que se inserta en un agujero o cavidad horadada en el otro trozo de madera.

Todos los ensambles deben estar encolados independientemente de la forma de ensamblarse. Los que tienen que ser especialmente resistentes –los de debajo de las sillas y las mesas– suelen estar reforzados con escuadras metálicas o tacos de madera cortados a la medida para encajar en el ensamble y darle estabilidad. (En muebles grandes los tacos suelen estar encolados y atornillados.)

Comprobar la estabilidad

Antes de comprar una mesa o una silla siempre es buena idea empujarla para ver si está equilibrada, si se sostiene firme en las patas y si cruje o chirría. Si las patas son finas deberían estar reforzadas y estabilizadas con unas tablas largas de madera que las unen. Estas piezas generalmente forman una H uniendo las patas delanteras con las traseras y con otra pieza que une las dos anteriores en el medio.

Mesas estables

El tablero de una mesa debe estar fijado con seguridad a las patas, normalmente con el apoyo de otra pieza horizontal. Si la mesa tiene tableros añadidos el mecanismo que corre el tablero central debe abrir y cerrar con suavidad y las piezas deben encajar con precisión en la mesa, sin dejar ranuras en medio.

Lo mismo debe aplicarse a las mesas con alas. Las alas deben subir y bajar bien y descansar con firmeza en los apoyos que tengan sin inclinarse ni hundirse.

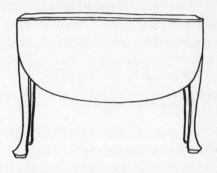

Mesa con alas

Cuando se vuelvan a bajar las alas deben quedar rectas y completamente perpendiculares al tablero superior. Los apoyos deben plegarse ordenadamente.

UNA MESA DE COMEDOR CÓMODA

La mayoría de las mesas – ya sean para comer o para trabajar– están hechas con una altura de unos 75 cm aproximadamente, porque ésa es la altura cómoda para apoyar los codos y las muñecas en el tablero. La banda de madera que hay por debajo del tablero para reforzarlo no debe ser demasiado ancha porque impediría que pudieran cruzarse las piernas al sentarse a la mesa. Para comer, cada persona necesita un mínimo de 60 cm de codo a codo para estar cómodo. Las mesas que tienen el doble de largo que de ancho son las más proporcionadas: la mesas de 75 x 150 cm acomodan bien a seis personas; las de 90 x 180 cm sientan cómodamente a ocho personas. (Una mesa más larga no debe superar el metro de ancho o parecería excesiva, a menos que vaya a colocarse en una habitación muy grande.)

EXAMINAR ARMARIOS, CAJONES Y ESTANTERÍAS

Los muebles que sirven para guardar cosas deben examinarse con mucho más cuidado por la complejidad de su construcción. En ellos los ensambles tienen una influencia directa en la durabilidad y la resistencia del mueble.

Construcción de un cajón

Todos los cajones de una cómoda, un aparador o cualquier otro tipo de mueble deberían encajar bien en el armazón del mueble. Los cajones que están unos encima de otros deben quedar alineados por arriba y por los lados. Cada uno debe tener dos guías a los lados por las que corre y, si es muy ancho, una más en el centro. Además deben tener un tope para que no se salgan del todo, a menos que usted los saque de la guía. Los cajones de mejor calidad tienen los ensambles de los lados de cola de milano.

Los paneles laterales y traseros de los cajones deben tener al menos 1 cm de ancho para darles estabilidad; la base puede tener un panel más fino, pero debe seguir siendo rígido al tacto. Todo el cajón tiene que estar lijado y sellado (para evitar las astillas); no es necesario que esté todo pulido pero sí barnizado con el mismo color y tono que el frente del cajón.

Los tiradores con los que se abre cada elemento deben estar rectos y firmes. Para que sean seguros, tienen que estar atornillados por dentro.

Cómo debe encajar una puerta

Como en el caso de los cajones, las puertas deben encajar o apoyar bien en el marco del mueble. Si hay un par de puertas, éstas deben juntarse en medio y alinearse de arriba abajo. Si las puertas están inclinadas o se salen del marco es signo de un montaje malo. Cada puerta debe abrir y cerrar con suavidad sobre sus bisagras, que deben estar alineadas en ambos lados de las puertas. Además las bisagras tienen que ser fuertes y estar bien atornilladas de manera que no se muevan cuando se abra y se cierre la puerta. Las bisagras de mejor calidad son las que están atornilladas por dentro de la misma forma que los tiradores de los cajones y las puertas.

Estanterías

Los muebles para poner objetos, y en especial las librerías, pueden estar reforzados –y normalmente lo están– por uno o dos estantes encajados firmemente en el armazón del mueble. No obstante, para darles mayor flexibilidad, la mayoría de los muebles tienen estantes ajustables. En general estos estantes se apoyan sobre pequeñas piezas fijadas o atornilladas en agujeros ya hechos. Se pueden subir o bajar los estantes cambiando la posición de estas piezas para adaptarse a la medida de los objetos que se van a poner encima.

Se venden estanterías listas para montar en kits ya preparados y completos con un número especificado de estantes y sus correspondientes piezas de apoyo. Según el diseño, la estantería puede tener una trasera y una base o no. Normalmente este tipo de estanterías están fabricadas con chapa de papel laminado. La chapa puede estar coloreada en blanco o en negro o imitar a madera.

Las estanterías sin terminar pueden comprarse de muchas anchuras y alturas. El ancho suele aumentar de 5 en 5 cm desde 20 cm hasta 1 m. También se puede elegir la profundidad entre 20 y 30 cm. Además se puede pedir una estantería preparada para pintarse.

EL METAL EN LA DECORACIÓN

Como hemos mencionado antes, el metal debe ser robusto. Si es bronce, pregunte si está barnizado. Muchos fabricantes aplican una capa de barniz protector al bronce para evitar al cliente la tarea de abrillantarlo. Si retira inadvertidamente la capa de barniz al limpiar el metal es posible que también le quite el baño de bronce. El bronce tratado así se limpia sólo con un trapo para quitarle el polvo.

ANTIGÜEDADES

Hoy en día el término «antigüedad» se ha ampliado para englobar muebles que tienen más de 50 años en lugar de 100, como se consideraba antes. Incluso piezas de los años cincuenta se están considerando actualmente como antigüedades.

Por qué comprar antigüedades

Muchas antigüedades son herencias que pasan de una generación a la siguiente sin dejar nunca la familia. Otras, en cambio, pueden llegar a venderse porque las generaciones posteriores las encuentran pasadas de moda o simplemente no les gustan. Para el cliente, las antigüedades se compran en ventas de propiedades, en subastas, almonedas o departamentos especializados de grandes almacenes. También pueden encontrarse en rastrillos.

Evidentemente no existe ninguna regla para comprar antigüedades. Hay personas a las que simplemente les gusta el aspecto de las cosas viejas; otros son ávidos coleccionistas de muebles y objetos de decoración de un período concreto. Las antigüedades representan de algún modo la historia; nos hablan desde otra época y desde otro estilo de vida.

Hay veces que un objeto antiguo sencillamente nos entra por los ojos y nos apetece. Cualquiera que sea nuestra razón, las antigüedades continúan vendiéndose no sólo a coleccionistas sino también a gente que tiene especial predilección por las cosas antiguas.

Reproducciones

Los objetos antiguos se han copiado antes y se siguen copiando en la actualidad. Las copias exactas de un objeto se denominan reproducciones, y si están hechas con meticulosidad y buenos materiales, pueden llegar a ser tan valiosas como los originales a los que imitan. Se hacen buenas reproducciones de objetos importantes de un museo o de famosas mansiones europeas, por ejemplo, o de otras fuentes fidedignas como una respetada colección privada. Se hace todo lo posible por reproducir la pieza a la perfección hasta el más mínimo detalle. Este tipo de reproducciones pueden ser muy caras pero la inversión merece la pena.

Adaptaciones

Muchas fábricas de muebles «reinterpretan» una pieza antigua. En lugar de reproducirla al detalle, transforman el diseño en una variación del original con ligeras alteraciones. Se hacen adaptaciones por dos razones: la economía y la comodidad. Las copias exactas pueden llegar a ser muy caras, sobre todo si se necesitan maderas raras y materiales difíciles de encontrar. En cuanto a la comodidad, una adaptación de una silla de orejas estilo colonial, por ejemplo, puede tener una tapicería más mullida que el original o puede incorporar un cojín donde el original no tiene nada; la adaptación puede ser más pequeña o tener una línea más redondeada que la pieza antigua, puede tener una funda o ser de una madera más barata pero teñida o barnizada para imitar a otra más cara o casi extinguida. Existen muchas posibles variaciones sobre un tema y normalmente suelen ser mucho más baratas que una reproducción.

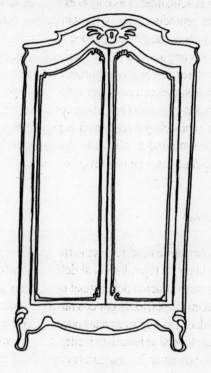

Armario

MOBILIARIO AUXILIAR

Las pequeñas piezas que llenan los huecos se llaman muebles auxiliares o accesorios. Las mesas auxiliares, por ejemplo, son las que se colocan al final de un sofá, las mesas de juego, las del rincón de lectura o los veladores.

Casi cualquier pieza pequeña y con movilidad entra dentro de la categoría de mueble auxiliar. Revisteros, libreros, banquetas, peanas, percheros, vitrinas (pequeños armarios con puertas de cristal que se apoyan en una mesa o se cuelgan de la pared y sirven para poner objetos en exposición), espejos de pie, como el cheval, o de pared..., la lista es interminable.

Los muebles auxiliares pueden tener un estilo contemporáneo o ser también piezas antiguas, reproducciones o adaptaciones. Hay fabricantes que comercializan muebles auxiliares para montar en casa, que se pueden comprar en tiendas o por correo.

MUEBLES ESPECIALES QUE DEBE CONSIDERAR PARA SU HOGAR

Armario: Como es un mueble muy grande, normalmente se vende en piezas para poder transportarlo. Puede tener una puerta o dos y suele estar decorado. A veces tiene un cajón en la parte de abajo y un estante dentro.

Arcón: Mueble profundo y cuadrado en forma de caja con una tapa con bisagras. Suele colocarse a los pies de una cama y sirve para guardar mantas o sábanas. Muchas veces está pintado.

Aparador vitrina: Mueble que sirve para guardar la vajilla y el servicio de mesa. Tiene puertas acristaladas o estantes arriba y armarios macizos abajo.

Buffet: Aparador de comedor o armario de media altura. El tablero superior se utiliza para servir comida. Los cajones de abajo sirven para guardar vajilla o manteles.

Buró: Término que se refiere tanto a un secreter como a un mueble de cajones bajo y largo que se coloca en el dormitorio.

Mesa mayordomo: La versión más común es una mesa cuyo tablero superior es una bandeja ovalada con dos alas abatibles que se apoya sobre unas patas plegables o fijas.

Cómoda barco: Es una cómoda de cajones pequeña, baja y de formas planas con remaches de metal en las esquinas y tiradores cuadrados también de metal. Variación: cama barco, con el somier colocado sobre cajones.

Consola: Mesa pequeña normalmente arrimada a la pared y apoyada sólo en dos patas delanteras. Una variación de esta mesa es la de media luna, llamada así porque tiene el tablero superior en forma de media luna.

Credencia: Mesa pequeña o repisa utilizada como mueble auxiliar sobre todo en las oficinas. Puede también utilizarse como buffet.

Tocador: Mesa con cajones laterales y un espejo encima colocada normalmente en el dormitorio.

Mueble de entretenimiento: Mueble estantería en el que se colocan aparatos de entretenimiento como la televisión, el vídeo, el equipo de música, etc.

Étagère: Estantería alta y estrecha con varios estantes y normalmente independiente hecha casi siempre de metal y cristal.

Chiffonier: Cómoda de cajones alta que normalmente se hace a juego con otra baja o un tocador. Los cajones superiores suelen ser dobles y más estrechos que los inferiores. Los chiffonier antiguos solían ser muy elaborados.

Mesa tocinera: Mesita auxiliar normalmente estrecha y con cajones utilizada sobre todo en la cocina.

Mesa tocinera

Chiffonier semanario: Cómoda alta de dormitorio con siete cajones, uno para cada día de la semana, de donde recibe su nombre.

Cómoda baja: Mueble de cajones bajo, normalmente de dormitorio y a juego con el chiffonier. Suele tener los cajones superiores más pequeños que los inferiores, y éstos a veces sustituidos por puertas.

Platero: Mueble de estantes completamente abierto utilizado para colocar platos. A veces tiene ganchos para colocar tazas. Suele estar colgado encima de una mesa tocinera.

Kits: Muebles que se compran desmontados y se montan en casa. Tienen instrucciones y el material básico necesario para montarlos.

Escritorio: Mesa con el extremo superior inclinado y cajones debajo de un tablero que sirve para escribir. Puede tener dos partes. Encima de la superficie para escribir a veces hay estantes y cajoncitos estrechos o armaritos de puertas opacas para guardar papeles.

Estantería: Mueble modular alto con varias unidades abiertas y

188

cerradas con puertas (algunas de cristal). Normalmente es tan grande que ocupa una pared entera. Suele utilizarse para colocar los aparatos de entretenimiento, libros, CDs, casetes, vídeos, etc. A veces también tiene un bar y un escritorio. Suelen hacerse piezas rinconeras para unir módulos en esquina y piezas puente para colocar encima de una cama o un aparador. En ocasiones puede tener armarios con luz interior para exhibir objetos.

Debido a su tamaño, los muebles auxiliares caben en cualquier sitio. Como otros accesorios, son la clave del estilo individual. En cambio una cama, por ejemplo, ofrece otro tipo de retos y decisiones. El capítulo siguiente explica cómo comprar una cama con su colchón, almohada, sábanas y colchas.

EN RESUMEN

❖ Los muebles deben estar hechos para que duren.
❖ Compruebe todas las partes de un mueble y fíjese en cómo se acoplan unas a otras.
❖ Si el mueble es de madera, pregunte qué tipo de madera es. Si es chapa, compruebe que está bien pegada.
❖ Las reproducciones y las adaptaciones se hacen con el fin de adaptar el estilo antiguo a los precios y la comodidad actuales.
❖ Los muebles auxiliares llenan los huecos en la decoración.

10. CAMAS Y ROPA DE CAMA

Debido al desgaste que sufre una cama, muy pocas camas antiguas han llegado hasta nuestros días. En la actualidad la gente es más alta y más gruesa que antes y la mayoría de las camas antiguas tienen que arreglarse para que resulten cómodas.

La solución más fácil para dormir es un colchón en el suelo o un futón. El siguiente paso es un somier, es decir, un soporte de metal o madera con patas que sujeta el colchón. Los somieres tienen los mismos tamaños que los colchones: de cama individual y de cama doble. Para decorar un poco más una cama así pueden añadírsele una pieza de cabecero y otra de pies.

ESTILOS DE CAMA

Hoy en día existen muchos estilos de camas, desde las más formales, de cuatro postes, hasta las de cajones, típicas de las habitaciones juveniles, por su espacio para guardar cosas debajo de la cama. Puede elegir la que mejor vaya con el estilo de decoración que le gusta o simplemente la que más cómoda le resulte.

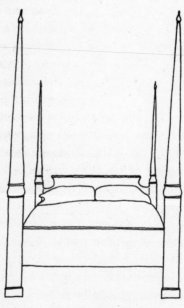

Cama de cuatro postes

Cama de cajones: Cama con una base en forma de caja donde se apoya el colchón. Suele tener dos o tres cajones a un lado o por debajo (para elevarla), decorados con tiradores.

Normalmente están teñidas, pintadas o cubiertas con un laminado plástico.

Cama de cuatro postes: Cama con postes altos en las cuatro esquinas. Los postes pueden sujetar un dosel o cortinajes.

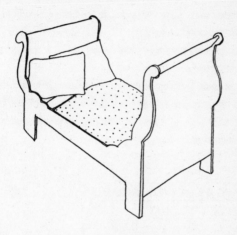

Cama barco

Futón: Originario de Japón, el futón es un colchón que descansa en el suelo o en un soporte especialmente diseñado para él. Se dobla sobre sí mismo para tomar la forma de un sillón. Normalmente el colchón está relleno de algodón muy denso, pero también pueden encontrarse de poliéster o plumas. La tela de la tapicería es algodón de color natural con botones para dar estabilidad al relleno.

Cama abatible: Cama sujeta por un mueble pegado a la pared que se baja para dormir y vuelve a subirse metiéndose en su propio «armario» cuando no se usa.

Cama de plataforma: Colchón que se apoya en una caja invertida. La plataforma puede estar teñida o pintada, o a veces cubierta con la misma moqueta que el suelo.

Cama barco: Parece una barca por la forma elevada del cabecero y los pies. Normalmente se colocan con un lateral paralelo a la pared, como si fueran una cama de día.

Cama con dosel: Cama con techo de tela. Una variación es la de medio dosel.

Cama nido: Una cama baja sobre ruedas que se acopla debajo de otra cama cuando no se usa.

Cama de agua: Colchón flexible lleno de agua que se apoya en una base especialmente diseñada para él. Los estilos más modernos imitan a las camas «reales» pero todavía necesitan la base especial.

LA CLAVE DE LA COMODIDAD ESTÁ EN EL COLCHÓN

Una buena cama incluye algo más que el armazón. Para estar seguro de tener un buen descanso debe prestarse especial atención a la superficie que se elige para dormir. Un colchón de baja calidad y una almohada llena de bultos pueden llegar a agravar un problema de espalda o cuello.

Colchones de muelles

El tipo de colchón más común es el de muelles. Está formado por un armazón que sujeta docenas de muelles enganchados ente sí. Suele tener un somier a juego como base firme, que a veces también tiene muelles.

El somier

Los juegos más firmes de colchón y somier son los de madera. Los muelles del colchón se apoyan sobre un somier de lamas de madera normalmente protegido por una funda de muselina que suele ser igual a la funda del colchón. Una de las claves para comprobar la calidad del colchón es el grosor de la tela de la funda. A veces la funda está guatada, sobre todo en los laterales, y las costuras deben estar lisas y rectas. Además, las cuatro esquinas del somier deben estar selladas con protectores plásticos para protegerlos de los roces.

Construcción del colchón de muelles

Cada uno de los muelles de un colchón debe estar sujeto al armazón y a los muelles adyacentes. El colchón tiene que ser igual de estable en los bordes y en el centro y no hundirse por ningún sitio. No tienen que sentirse los muelles al tumbarse y los de mejor calidad tienen un relleno grueso. La tela que recubre el colchón debe ser fuerte y densa y las costuras rectas. A veces pueden estar guatados, pero la guata tampoco debe tener bultos. Compruebe que el colchón tiene al menos cuatro agujeros de ventilación en los lados; estos agujeros sirven para que el aire pueda circular por el interior del colchón y así impedir que coja el olor del cuerpo. Finalmente, el colchón debe tener asideros en los laterales para agarrarlo cuando quiera moverse o volverse.

Probar el colchón

La construcción de un colchón de muelles es de extrema importancia para dormir con comodidad. Los colchones se distinguen por su dureza. En general cuanto más pese, más duro debe ser el colchón. Uno demasiado blando le producirá problemas de espalda.

Antes de decidirse por un colchón túmbese en unos cuantos para ver en cual está más cómodo. Una buena forma de probar un colchón es tumbarse boca arriba con la mano entre los riñones y el colchón: debe poder sentir ambas caras de la mano con un poco de holgura. Luego gírese hacia un lado. ¿Apoya la cabeza, el cuello, los hombros, las caderas y las rodillas con comodidad?

Si va a compartir la cama deben tumbarse las dos personas. Apoyen la cabeza sobre las manos. ¿Hay suficiente espacio para los dos con los codos extendidos?

TAMAÑOS DE COLCHÓN

Sencillo	1 m x 1,80 o 1,90 m
Doble normal	1,35 m x 1,80, 1,90 o 2 m
Doble grande	1,50 x 1,80, 1,90 o 2 m
Doble americano	1,90 x 2 m
Doble californiano	1,80 x 2,10 m

Mantenimiento de un colchón de muelles

Si decide comprar un colchón de muelles es importante girarlo de arriba abajo todas las semanas y darle la vuelta todos los meses durante los primeros seis meses. El colchón debe asentarse y acostumbrarse a su peso. Airéelo cada vez que cambia las sábanas para que desaparezca la humedad que haya podido acumularse dentro debido al calor del cuerpo. (Airear un colchón es simplemente dejarlo durante un par de horas antes de volver a colocar las sábanas.)

Colchones de espuma

Los colchones de espuma se fabrican con densa espuma de poliuretano (a veces con uno de los lados moldeado con bultos como huevos). Generalmente se utilizan sin somier, por lo que se suelen ver en camas de plataforma, abatibles o nido. Si la espuma se dobla con facilidad también puede utilizarse para sofás cama. Las ventajas de este tipo de colchones es que son hipoalérgicos, pesan poco y son baratos. No obstante, la espuma puede deformarse con el tiempo y si se descompone puede dar mal olor.

PROTECTORES DE COLCHONES

Los protectores de colchones guatados absorben la humedad y añaden una capa de tejido suave entre la sábana y la funda del colchón. Los protectores pueden ser como fundas completas o como sábanas ajustables, o a veces sólo tienen gomas para ajustarlos a las esquinas. El protector sirve de estabilizador a la sábana bajera para que no se arrugue o se salga durante la noche, y además es transpirable. Mantiene el colchón limpio protegiéndolo de la grasa que produce el cuerpo.

ALMOHADAS

Por comodidad, debe prestarse también atención a la elección de una almohada que se adapte a usted. Las almohadas se dividen en blandas, medias, duras o extraduras. Para los que sufren de dolor de cuello existen almohadas terapéuticas. En ocasiones el diseño de la almohada incluye una zona elevada en forma de rulo para apoyar el cuello.

La elección de la dureza de la almohada depende de la posición en la que duerme. Si pasa la mayor parte del tiempo de lado debe elegir una almohada más dura que si está boca arriba o boca abajo. Normalmente los que duermen boca abajo prefieren una almohada más blanda.

Tamaños de almohadas

Un par de almohadas de medida estándar suelen caber una al lado de la otra en una cama doble. Si quiere una cama más grande puede encontrar almohadas un poco más largas para llenar el cabecero.

TAMAÑO DE LAS FUNDAS DE ALMOHADA

Normal	50 x 65 cm
Doble grande	50 x 85 cm
Doble americana	50 x 100 cm

Almohadones auxiliares

Además de las almohadas en la cama puede colocar uno o dos almohadones. Una almohada de desayuno, una versión más pequeña que las normales, mide unos 25 x 40 cm; el rulo suele tener el mismo largo y un grosor de unos 15 cm. El almohadón grande suele tener 65 x 65 cm. Por su tamaño se quita para dormir. A veces también se coloca un rulo del largo de la cama en el cabecero, en parte para decorar y en parte como apoyo bajo las almohadas cuando se lee en la cama.

Relleno de las almohadas

La dureza de la almohada depende del material con el que está rellena. Las más blandas son las rellenas de plumón o de mezcla de pluma y plumón. No obstante, los alérgicos deben intentar evitar este último material. Otra de sus desventajas es que las almohadas de plumón no pueden lavarse.

La fibra de poliéster puede lavarse y es hipoalérgica. No es tan suave como la pluma pero puede encontrarse con varios grados de dureza.

El material más duro es la gomaespuma, que además

resulta muy flexible. Sin embargo con el tiempo la espuma se deshace y puede oler mal.

Fundas protectoras de almohadas

Aunque las almohadas vengan ya con una funda, es siempre buena idea protegerlas con fundas de algodón con cremallera que impidan el paso de la grasa o la humedad, que con el tiempo terminan manchándolas. Estas fundas pueden lavarse y cambiarse cuando sea necesario y así se prolonga la vida de la almohada.

EDREDONES

Los edredones, al igual que las almohadas, pueden estar rellenos de pluma, pluma y plumón o fibra de poliéster. La mayoría de los de poliéster suelen formar parte de un juego de cama y no pueden desenfundarse. En cambio los de pluma, llamados nórdicos, están hechos para meterlos dentro de una funda o sábana especial. Ya que los edredones de plumas no pueden lavarse como los de poliéster, es necesario protegerlos con una funda que sí pueda lavarse.

TAMAÑO DE LOS EDREDONES

Cama sencilla	1,65 x 2,15 m aprox.
Cama doble pequeña	2 x 2,15 m aprox.

Cama doble grande	2,15 x 2,30 aprox.
Cama doble americana	2,55 x 2,30 aprox.

COLCHAS

Ahora muchos fabricantes de sábanas ofrecen la posibilidad de edredón o colcha en sus juegos de cama. La colcha suele caer hasta el suelo por tres de los lados, aunque en ocasiones se hace más corta para completar el juego con unas faldas que caen desde el somier. El largo de las faldas suele ser siempre el mismo, unos 40 cm, que es la altura de un somier normal. Tiene dos posibilidades de confección: un sencillo fruncido o un estilo más estructurado con tablas en las esquinas.

TAMAÑO DE LAS COLCHAS

Cama sencilla	2 x 2,70 m aprox.
Cama doble pequeña	2,40 x 2,70 m aprox.
Cama doble grande	2,50 x 2,70 m aprox.
Cama doble americana	3 x 3 m aprox.

JUEGOS DE SÁBANAS

Una de las formas de personalizar un dormitorio y alterar el aspecto es mediante la ropa de cama. Si compra dos o tres juegos de sábanas con sus colchas o edredones, puede cambiar por completo la decoración de un dormitorio.

Los fabricantes de sábanas nos han evitado el problema de coordinar las colchas con las cortinas haciendo juegos que ya incluyen sábanas encimeras y bajeras, fundas de almohada, de almohadón, colchas y/o edredones, faldas para la cama, cortinajes, guardamalletas, doseles, e incluso faldas de mesa camilla y cortinas de ducha.

Una forma muy fácil de cambiar el aspecto del dormitorio es comprar ropa de cama de un color liso y combinarla con dibujos en otros sitios cada vez que cambie las sábanas.

Densidad de la fibra

Las sábanas de mejor calidad suelen tener un hilado denso y ser de algodón cien por cien. En la actualidad estas sábanas están tratadas para no tener que plancharlas. También hay sábanas que no necesitan planchado por su mezcla de algodón y poliéster al 50/50.

Las sábanas más baratas tienen un hilado menos denso y son de muselina. Tienen un tacto más áspero que las de algodón.

Sábanas de franela

Para los inviernos más fríos existen sábanas de franela. Están hechas de algodón y tienen un tacto muy suave. Se venden con variedad de colores y dibujos.

TAMAÑO DE LAS SÁBANAS (NO AJUSTABLES)

Cama sencilla	1,65 x 2,40 m
Cama doble pequeña	2 x 2,40 m
Cama doble grande	2,25 x 2,50 m
Cama doble americana	2,70 x 2,50 m

MANTAS

Con la llegada de los edredones las mantas se usan cada vez menos, excepto como elementos decorativos. Existen varios tipos de mantas: las mantas térmicas, generalmente de algodón y a veces de lana, tienen un hilado abierto que permite la ventilación y por tanto ayuda a liberar la humedad del cuerpo y no sudar; las de algodón son lavables, mientras que las de lana deben limpiarse en seco.

Las mantas de lana son muy caras, así que una alternativa más barata son las de fibra sintética, que pueden lavarse sin problemas. Además, la fibra acrílica resiste a las polillas.

Las mantas eléctricas están hechas de fibra acrílica y son una buena solución para los que prefieren mantener el termostato bajo durante el invierno.

TAMAÑO DE LAS MANTAS

Cama sencilla	1,65 x 2,40 m
Cama doble pequeña	2 x 2,40 m
Cama doble grande	2,25 x 2,40 m
Cama doble americana	2,70 x 2,40 m

Encima de un juego de cama se puede colocar una pequeña manta de lana o de algodón o un cobertor para echarse por encima en caso de que se tenga frío.

MAYOR COMODIDAD

Con los muebles colocados en su sitio y las zonas cómodas ya establecidas, ha llegado el momento de considerar otros aspectos de la decoración que nos hacen sentirnos en un hogar: las ventanas y la iluminación.

EN RESUMEN

❖ Hay una gran variedad de estilos de camas pero, como son bastante caras, lo prioritario es fijarse en la comodidad. La comodidad reside sobre todo en el colchón y el somier que elija.

❖ El colchón le durará años; pruebe varios colchones en la tienda e invierta en el mejor que pueda permitirse.

❖ El colchón de muelles suele colocarse con un somier; el de espuma puede ponerse directamente encima del armazón de la cama.

❖ Invierta también en unas buenas almohadas. Cómprelas según la dureza que mejor se adapte a la postura en la que duerme.

❖ Las sábanas, mantas, cobertores y faldillas contribuyen a la decoración de la habitación. Utilícelas para mezclar colores y crear el ambiente que le gusta.

11. CORTINAS

Desde nuestras ventanas miramos lo que hay a nuestro alrededor, pero a la vez, la gente que hay a nuestro alrededor puede mirarnos a través de nuestras ventanas. Por eso las ventanas suelen estar tapadas, al menos con algo muy transparente, para asegurarnos cierta privacidad. También lo hacemos para matizar la fuerte luz del sol y evitar deslumbramientos. Además con ello podemos aislar la habitación del frío de fuera, tapar una vista fea o camuflar una ventana de una forma rara.

LA VENTANA CONVENCIONAL

Una ventana convencional tiene varios elementos: el marco o bastidor (incluido el listón decorativo), los cercos (pa-

205

neles donde se coloca el cristal), el alféizar y el reborde que está debajo. La mayoría de las ventanas tienen dos paneles que se cierran una sobre otra en el centro.

Cada uno de los paneles puede estar formado por una pieza o varias, llamados cuarterones y separados por cercos de madera, plástico o metal llamados peinazos. Las ventanas de varios paneles se denominan según el número de cuarterones que tengan.

Las ventanas se han hecho tradicionalmente de madera y en la actualidad las mejores siguen siendo de madera. Dentro de ellas las de mejor calidad suelen estar hechas a mano con cristal cortado, es decir, con cada panel encastrado individualmente en los peinazos. Otros materiales posibles en las ventanas son el aluminio y el aluminio vinílico.

OTROS TIPOS DE VENTANAS

Las ventanas son uno de los indicadores del estilo de una casa. Muchas casas construidas durante la época victoriana en Estados Unidos e Inglaterra tienen miradores, ventanas que sobresalen de la fachada. Los ranchos típicos americanos tienen puertas acristaladas corredizas y ventanas panorámicas. Las casas posmodernas construidas durante la década de los ochenta utilizan ventanas palladianas, que son ventanas cuadradas rematadas con una media luna encima.

VENTANAS TÉRMICAS

En la actualidad se espera que las ventanas aíslen a la vez que proporcionan una vista, y por eso muchas son térmicas. Las ventanas térmicas tienen dos capas de cristal con una cámara de aire en medio que aísla del frío o del calor exterior. La mayoría de las ventanas térmicas no tienen paneles divididos sino que para dar el efecto de cuarterones los fabricantes introducen los peinazos dentro del cristal. (Algunos de estos peinazos pueden quitarse cuando se va a limpiar la ventana.)

EL PAPEL DE LA VENTANA EN LA DECORACIÓN

Las cortinas o el tratamiento de las ventanas, como lo llaman a veces los decoradores, juegan su papel en la decoración. El papel puede ser secundario, sobre todo si no hay necesidad de privacidad, o primordial, como es el caso de ventanas con una imponente presencia. Los tratamientos de las ventanas son a veces tan elaborados como cualquier otro elemento de la habitación.

Lo cómodo y práctico

Hoy en día la tendencia en decoración nos lleva hacia el estilo natural, personal, informal y ecléctico. Así, las ventanas se tratan de manera muy informal.

Muchos fabricantes, sobre todo de ropa de cama, tienen cortinas ya hechas que coordinan perfectamente con los juegos de cama. En estos paquetes se incluyen un par de cortinas y las guardamalletas. A veces se incluye una persiana liviana para complementar las cortinas. Lo mejor de estos paquetes es que evitan el problema de la colocación. El fabricante da instrucciones generalmente muy fáciles de seguir, avisa del material que se necesita para el montaje y explica paso a paso cómo poner cada una de las partes de la mejor manera posible.

De tela o rígido

Los tratamientos de las ventanas se clasifican en dos grupos: de tela o rígidos. En el primero están las cortinas y los cortinajes, las guardamalletas, etc.; en el segundo, las persianas de todo tipo, de aluminio, de madera, venecianas, etc.

Medir una ventana

Hay que tomar medidas exactas de cada ventana para poder montar las cortinas o las persianas. Si va a colocar una persiana veneciana sólo necesita saber la altura y la anchura de la ventana.

Si quiere colgar cortinas o visillos tendrá que tomar en cuenta otros elementos: el espacio que queda entre la ventana y el techo (para decidir la altura de la barra), la anchura total de la ventana (de extremo a extremo del marco), más unos cuantos centímetros de holgura para colocar los tiradores, y la distancia desde la parte superior del marco de la ventana hasta el suelo.

Si va a colocar cortinas cortas, estilo café (las que sólo cubren la mitad de la ventana), será necesario medir sólo la altura y la anchura del panel inferior o de la mitad inferior de la ventana. Puede colgar dos cortinas, una sobre la otra, haciendo un efecto de cascada, o poner una pequeña guardamalleta por encima de la ventana y la cortina en la mitad inferior.

Cortinas y cortinajes

Las cortinas suelen colocarse tomando como referencia el perímetro exterior de la ventana. La decisión que tendrá que tomar es hasta dónde quiere que caigan. ¿Quiere que cubran sólo el marco, que cubran el antepecho o que lleguen hasta el suelo? Los fabricantes recomiendan que las cortinas lleguen al menos 10 cm más abajo de la línea del marco para que no se vea la costura por detrás de la ventana.

Las cortinas pueden llegar al suelo o no. Los cortinajes siempre llegan al suelo. Ambos pueden colgar hasta un centímetro o dos del suelo o pueden apoyarse sobre él e incluso doblarse un poco para conseguir un efecto más lujoso. Si tiene moqueta lo mejor es no dejar que las cortinas toquen el suelo para que corran mejor.

Las cortinas de telas blandas deben caer con naturalidad a ambos lados de la ventana, y cuando están corridas tienen que quedar bien. Los cortinajes necesitan un espacio al menos de 30 o 40 cm a cada lado para acomodar los alzapaños y las abrazaderas.

Algunas cortinas, y sobre todo las cortas, se sujetan en

el marco de la ventana. Las cortinas estilo café, dobles y fruncidas, se ponen dentro o fuera del marco.

CORTINAS

Las cortinas y los cortinajes se distinguen tanto por su confección como por su colocación. Las cortinas son más ligeras, y tienen un aspecto más ondulado e informal. Nunca están forradas, sino al contrario, suelen ser bastante transparentes y livianas.

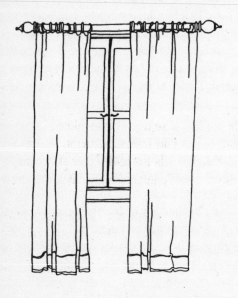

Cortinas con arandelas y barra con remate final

Las cortinas se pueden correr y descorrer con la mano o con tiradores. Si se quieren retirar de la ventana permanentemente las cortinas deben recogerse con una abrazadera, que es una especie de cinta generalmente de la misma tela o con un cordón sujeto a la pared mediante un alzapaños. Los alzapaños son piezas fijas en la pared y tienen forma de gancho o de bola. Así recogidas, las cortinas se doblan con soltura; no quedan atadas, sino retiradas.

Las cortinas están rematadas arriba con un borde en el que se colocan ganchos o arandelas que con distintos sistemas se adaptan a una barra o un riel del que se cuelgan.

Otro sistema para colgarlas es mediante tiras de tela que se atan o se pasan por la barra en lugar de las arandelas.

El fruncido de las cortinas

La regla por la que se rige el fruncido de las cortinas es muy fácil: cuanto más fruncidas, mejor. El fruncido lo da la cantidad de tela y la forma de coser el dobladillo superior de la cortina. Cuanta más tela haya, más tendrá que fruncirse.

Normalmente se dobla o triplica la anchura de la ventana con ambos paños de las cortinas; en otras palabras, cada paño estirado de la cortina debe tapar por sí solo toda la ventana, o incluso más si el tejido es muy ligero.

Rieles de cortina

Las cortinas se colocan en rieles de metal ajustables. Uno de los tipos de riel más común es el de muelle o gusanillo. El gusanillo puede acortarse o alargarse para ajustar la barra a la anchura de la ventana. Después se sujeta al marco de la ventana mediante ventosas o ganchos.

Otro sistema de riel de metal también ajustable es el que se instala con abrazaderas atornilladas a la pared o al marco de la ventana. También hay rieles curvados en los extremos y atornillados. El sistema de riel de metal con ganchos sirve para dar un efecto mucho más fruncido a las cortinas.

Todos estos tipos de rieles son muy fáciles de colocar: se atornillan las abrazaderas en la pared y se apoya el riel sobre ella. De todos modos compruébelo en las instrucciones del fabricante por si hubiera algún consejo especial.

Altura del riel

El riel debe colocarse al menos 10 cm por encima del marco superior para que no se vea la cresta por la ventana. Si el techo tiene molduras y hay un hueco entre la pared y la moldura, puede colocar el riel en ese hueco de manera que la cortina corra por debajo de la moldura.

Barras de cortina

Las barras de madera, que pueden ser lisas o con agujeros, se venden con las abrazaderas y los tornillos necesarios para colocarlas y las instrucciones correspondientes. El paquete suele incluir también arandelas. Se atornillan las abrazaderas a la pared y se coloca la barra encima. Las cortinas pueden colgarse de la barra con las arandelas o con tiras de tela.

Si la ventana es excepcionalmente ancha, por ejemplo en una puerta corredera, se recomienda poner una abrazadera más en el centro para dar mayor estabilidad a la barra, o se doblará por el peso de las cortinas.

Las barras de cortina suelen tener elementos decorativos que se enroscan en los extremos llamados florones. Los motivos de los florones suelen ser bolas o piñas, aunque existen cientos de modelos distintos.

Cortinas para hacer en casa

Las cortinas son muy fáciles de hacer. Para la cresta superior, haga una doble costura abierta por los extremos en forma de tubo, lo suficientemente ancha como para que quepa la barra que ha elegido; luego haga un dobladillo en la parte de abajo y meta la barra por la costura de arriba.

Cuando corte el tejido para la cortina acuérdese de añadir tela suficiente para hacer los dos dobladillos de los extremos. El dobladillo superior tendrá entre 5 y 10 cm, en general, dependiendo del diámetro de la barra. El inferior suele ser de unos 10 cm.

Otra forma de hacer la cresta es con cinta fruncidora. Esta cinta se vende de varios anchos y con ella puede elegirse la cantidad de frunce que se desea.

Cómo hacer una cortina

Una vez medida la ventana, extienda la tela de la cortina sobre una mesa o en el suelo y córtela según la medición. Deje la tela extendida, doble la parte superior aproximadamente 1 cm y planche el doblez. Después ponga la cinta fruncidora encima de la tela y sujétela con alfileres. Así sujeta, cosa la cinta a la tela a mano o a máquina.

Cuando la cinta esté cosida, tire de los hilos hasta conseguir el ancho deseado y haga un nudo. Corte el hilo sobrante y coloque los ganchos. Ahora está lista para colgarla en el riel.

Hacer cortinas con sábanas

Un sistema muy fácil para hacer cortinas es utilizar sábanas. Las sábanas ya tienen dobladillos y una sábana de cama sencilla puede pasar por una cortina sin coser ni una puntada.

Descosa los extremos del dobladillo inferior de la sábana para crear un tubo y pase la barra por ahí. Si la sábana tiene alguna decoración en la costura superior, la del embozo, quedará bien como remate en el suelo o a la altura del antepecho. Sólo si el dibujo del embozo quedara mal boca abajo, entonces tendría que colocar esta costura en la parte de arriba de la cortina. Mire bien la sábana primero para comprobar en qué dirección debe colgarse.

CORTINAJES

Los cortinajes, mucho más formales que las cortinas, son bastante más complicados de confeccionar. Suelen tener un forro cosido a la tela para darle cuerpo. Además, como están hechos de telas caras, los forros protegen estas telas del sol. También suelen tener una tela intermedia especialmente rígida para dar todavía mayor estabilidad al cortinaje. Algunas incluso tienen una capa aislante. Las costuras inferiores tienen a veces pequeños pesos para que los dobleces se mantengan en su sitio.

Los cortinajes pueden caer rectos, en paneles horizontales, sobre un juego de visillos, o pueden correrse hacia los lados de la ventana. En este último caso deben ser tan anchos como la ventana. A veces los cortinajes caen de forma especial, como por ejemplo los de manga de obispo, que se recogen en varias abrazaderas formando cascada.

Los cortinajes, igual que las cortinas, deben tener frunce. El frunce depende del tipo y la cantidad de tablas que tenga.

Crestas

Los cortinajes suelen estar confeccionados con crestas elaboradas. El tipo de cresta más común es la de tres fruncidos en grupo o francesa. El espaciado entre los pliegues varía según la anchura de la ventana y el cuerpo de la tela: cuanto más ancha sea la ventana, más espaciados estarán los pliegues. Si los pliegues se juntan demasiado, el fruncido quedará exagerado. Un segundo tipo de cresta es la de acordeón: son pliegues muy estrechos (como los de un acordeón; de ahí el nombre) que se extienden a lo largo de toda la tela. Por último hay que mencionar la cresta en caja, que se pliega sobre sí misma de forma que los pliegues se tocan en el centro.

Cuando se calcula la cantidad de tela necesaria para los cortinajes hay que tener en cuenta la diferencia entre la anchura real de la tela y la de la cortina final ya con las tablas.

Material para montar cortinajes

Los cortinajes con fruncidos franceses se cuelgan de ganchos en forma de S alargada que se enganchan al dobladillo superior del cortinaje y a unas anillas pequeñas que corren por una ranura del riel. Este riel suele ser ajustable y va de un lado a otro de la ventana, como el de las cortinas.

El riel tiene también una polea y un sistema de cordones para abrir y cerrar los paños. Como la instalación es mucho más complicada y los paños pesan más, los rieles deben montarse fuera del marco de la ventana, al contrario que el de las cortinas. Si la ventana es ancha, debe colocarse un apoyo adicional normalmente en el centro, donde se encuentran los dos paños de las cortinas.

La instalación de los cortinajes es más complicada que la de las cortinas porque hay más piezas que montar, pero usted mismo puede hacerlo si tiene cuidado. Siga las instrucciones del fabricante. Primero atornille las abrazaderas a la pared (como lo haría con una cortina) junto con la polea y los tiradores. Lo más importante es alinear las piezas del sistema de la polea correctamente, sobre todo si se van a montar dos o tres rieles separados.

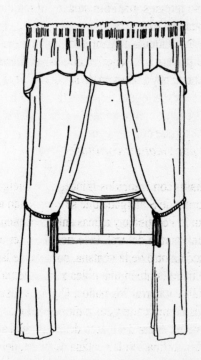

Cortinas con guardamalleta y alzapaños de cordón

GUARDAMALLETAS

Tanto las cortinas como los cortinajes pueden adornarse y rematarse con una pieza superior llamada guardamalleta. Una guardamalleta es básicamente como una cortina pequeña y suele estar hecha del mismo tejido que las cortinas. Pero también puede confeccionarse de manera que se consiga un efecto especial o complementario.

La guardamalleta se coloca por encima de las cortinas y puede estar fruncida o tableada, igual que éstas, o adoptar una forma especial. Entre las formas más populares están la arqueada y la ondulada.

Para añadir cierto interés decorativo las guardamalletas pueden adornarse con rosetones, lazos o nudos hechos de la misma tela o de otra a juego.

Sobrepuertas

La sobrepuerta es un tipo especial de guardamalleta bastante popular que se coloca independiente de las cortinas y que no tiene que acompañarlas necesariamente. Es una pieza de tela ligeramente curva y sujeta en las esquinas superiores de la ventana. Suele estar rematada con dos paños suaves que caen en zigzag por ambos lados. Las sobrepuertas a veces están confeccionadas con tablas rígidas a los lados.

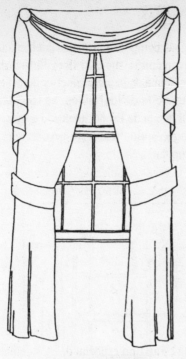

Sobrepuerta con tablas

La caída de la curva de una sobrepuerta debe estar en proporción con la anchura de la ventana. Si cae demasiado dará la sensación de un remate demasiado pesado y si cae demasiado poco parecerá escaso. Pruebe distintas caídas según el largo de la tela a los lados hasta que encuentre el que encaja con el conjunto.

Galerías

Los cortinajes pueden estar adornados también con una galería. Una galería es una caja estrecha y forrada de tela que sobresale por encima de la parte superior de la ventana para esconder los rieles de los tejidos. La tela para forrarla suele ser igual que la de los cortinajes, o estar coordinada con ellos, aunque podría tener una decoración completamente independiente.

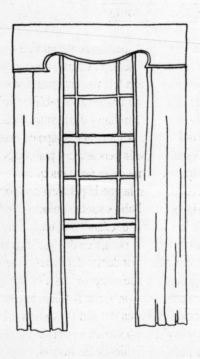

Galería

Las galerías pueden ser completamente rectangulares, o pueden tener formas especiales para darles efecto. También pueden tener caída a los lados, hasta la altura de la ventana o hasta el suelo. Si la galería rodea por completo la ventana se llama lambrequín.

La galería se engancha a la pared con tornillos y abrazaderas de metal en forma de L, que se ponen una en la parte superior y otra en la parte inferior de la cornisa.

PERSIANAS ENROLLABLES

Hay una gran variedad de persianas que pueden encontrarse en cualquier tienda de bricolaje. La más común es la enrollable, que consiste en una tela (las antiguas estaban hechas de lona verde brillante) o una serie de tablillas sujetas por hilos o alambres que se enrollan y desenrollan mediante una cuerda. Hay dos formas de enrollar este tipo de persianas: la más normal es en la que la persiana cae por detrás del rollo (de manera que el frente de la persiana queda dentro del rollo), y la contraria, en la que la persiana cae por delante.

Las persianas enrollables suelen colocarse por dentro del marco de la ventana, quedándose a unos 5 cm del borde. El rodillo de madera encaja en dos ganchos situados a los lados de la ventana por dentro del marco. Cuando compre una asegúrese de que se aproxima a la anchura de la ventana. Para conseguir un ajuste perfecto tendrá que retirar la protección metálica del rodillo y serrar el trozo de madera que sobre. Luego vuelva a poner la pieza metálica y coloque la persiana siguiendo las instrucciones que da el fabricante.

Si quiere privacidad sin sacrificar la luz, elija una persiana que se desenrolle desde el antepecho, de abajo arriba, al contrario que las tradicionales.

Forrar persianas enrollables

Las persianas pueden forrarse con una tela que coordine con la decoración de la habitación utilizando un adhesivo fácil de encontrar en cualquier tienda de manualidades o de bricolaje.

Primero extienda la persiana sobre una mesa. Centre el tejido que vaya a pegar sobre ella y córtelo a la medida dejando un reborde de unos 2 cm. (Intente que la pieza de tela sea mayor que la persiana porque las costuras hacen que la persiana se enrolle mal.) Después rocíe bien la superficie de la persiana con el adhesivo y presione suavemente la tela sobre ella de arriba abajo y del centro a los extremos, alisando las arrugas y las burbujas que se hagan. Corte la tela sobrante y deje secar la persiana antes de enrollarla.

Kits para persianas

Otra forma de hacer su propia persiana es comprar la tela que quiere y un kit para persianas. Estos kits se venden en las tiendas de decoración y bricolaje y tienen todo lo necesario para hacer y colocar una persianilla enrollable: base, rodillo, ejes, cordón y tirador, y todo el material necesario para colocarla. El kit recomienda evitar las telas muy finas o elásticas, porque no pegan bien en la base que se proporciona.

Sobre una superficie grande, como una mesa o el suelo, mida y corte la tela a la medida de la ventana dejando un reborde de alrededor de unos 2 cm. Quite el plástico protector a la base y estírela al lado de la tela. Centre la tela encima de la base y plánchelo todo sin vapor a la temperatura que se recomienda en las instrucciones, siempre de arriba abajo y desde el centro hacia los lados. Déjelo enfriar y recorte la tela sobrante.

Con este tipo de persianas lo mejor es pegar un adhesivo o una tira de tela en los laterales para evitar que se deshilachen. Extienda bien el adhesivo por todas las esquinas y déjelo secar. También puede pegar una cinta muy fina que no estorbe al enrollar la persiana. Para pegarla puede utilizar adhesivo para tela.

Para colocar la persiana en el rollo alinee el borde superior de la tela con la línea marcada en el rollo. Grape la persiana al rollo y fíjelo a la pared como indican las instrucciones del paquete. Enrolle el borde inferior de la persiana en la barra e hilvane la costura. Cosa el dobladillo en forma de tubo y meta la barra dentro. Termine de coser los extremos, coloque el cordón tirador y la arandela por donde pasa el cordón, y fíjelo todo en el rollo ya montado.

Cortar festones

Para decorar un poco más la persiana puede hacer un remate con festones. Primero decida la anchura que quiere que tengan los festones y luego calcule con un metro cuántos le caben en la anchura de la persiana. Dibuje los festones en una plantilla, márquelos en la tela y córtelos. Puede rematar el corte cosiendo o pegando una cinta por el borde.

Poner la barra por encima del festón

Como al cortar un festón en el borde de la persiana ya no puede colocarse el dobladillo de la barra hay que estabilizar la persiana poniendo la barra unos centímetros más arriba. Para hacerlo debe coser una tira de tela en forma de tubo por detrás de la persiana. (Asegúrese de que la tela es lo suficientemente ancha para que quepa la barra.) Coloque la tira de tela, hilvánela y luego cósala. Meta la barra, centre el cordón tirador en la barra por delante de la persiana y cosa la arandela para sujetarlo.

ESTORES

Los estores son una mezcla entre una cortina y una persiana, que se doblan como un acordeón en bandas anchas horizontales. Se pueden colocar solos, sin ningún otro tipo de textil en la ventana, o rematados con una cornisa de tela igual o coordinada. Los estores tienen el ancho de la ventana por dentro o por fuera del marco. Se doblan mediante un sistema de polea y cordón tirador.

Las mejores telas son las de hilado denso como la lona o el lino, que dejan un doblez definido en cada banda; si se quieren confeccionar estores con telas más blandas deben forrarse para que queden bien.

Los estores suelen estar hechos por profesionales. Algunos fabricantes están empezando a ofrecer estores ya hechos que pueden comprarse en tiendas de decoración o de bricolaje. Para montarlos basta con seguir las instrucciones que se acompañan.

Cómo funciona un estor

Los dobleces de un estor se hacen mediante una serie de barras verticales introducidas en la tela y en las que se han cosido unas arandelas espaciadas ordenadamente. Por las arandelas pasan unos cordones que después caen por el lateral del estor y de los que se tira para subirlo o bajarlo.

Estores con remate redondo, festoneado o veneciano

Hay estores que se pueden confeccionar con telas mucho más ligeras. El estor en redondo tiene paneles verticales claramente definidos que caen rectos y terminan en un remate ondulado y ligeramente ahuecado.

Otro estilo todavía más abullonado es el estor festoneado, que cae libremente sin paneles definidos y termina en un remate festoneado. Un tercer tipo de estor es el llamado veneciano, que está completamente fruncido de arriba abajo, por lo que exige una tela muy fina.

225

Estor festoneado con festón con remate de cinta fruncida

PERSIANAS EN ACORDEÓN

Una de las novedades más recientes en lo referente a persianas es el pliegue en acordeón y sus variantes, siempre basadas en este tipo de configuración. Es simplemente una persiana que se pliega como un acordeón. Antiguamente estaban hechas de papel grueso pero ahora se hacen de todo tipo de materiales más duraderos y rígidos.

La persiana tiene en realidad dos capas de material y cuando está bajada estas capas se separan y se abren los pliegues formando en los lados unas cavidades hexagonales como las de un panal.

Una de las ventajas de esta persiana es que al plegarse

se quedan pegadas al cabecero haciéndose virtualmente invisibles. Una vez montadas en una ventana y subidas completamente todo lo que se notará de la persiana será el cordón y el cabecero.

Este tipo de persianas se pueden encargar en una gran variedad de colores. También se hacen con pequeños agujeros para darle un efecto más luminoso. Además pueden hacerse de formas especiales para ventanas con una forma distinta a la normal, como por ejemplo las medias lunas que se ponen encima de una ventana cuadrada para dejar entrar mayor cantidad de luz y darle mayor interés arquitectónico.

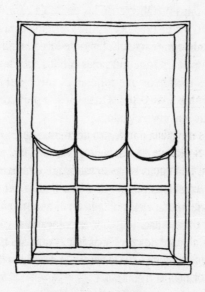

Estor con remate redondo

Las persianas en acordeón, como todas las demás, se venden con todo el material y las instrucciones necesarias para su instalación.

PERSIANAS VENECIANAS DE LAMAS PEQUEÑAS

Aparte de las enrollables, las persianas más fáciles de comprar ya hechas son las venecianas de lamas pequeñas. Se pueden encontrar en todas las tiendas de bricolaje y decoración y también en muchas ferreterías. Hay venecianas de varios tipos según la anchura de las lamas.

Las persianas venecianas se comercializan en muchos colores y tonos metálicos. En las de doble cara, las lamas de aluminio tienen un color distinto en cada cara de manera que puede cambiarse el efecto de la persiana con sólo girar las lamas. En los climas más cálidos suelen preferirse los colores metálicos que reflejan el calor y el brillo del sol. En cambio en los climas más fríos se prefieren colores oscuros que absorben el calor.

Si elige montarla por dentro del marco deje unos centímetros de holgura para que la persiana suba y baje sin obstrucciones. Las lamas se giran mediante una barra enganchada a un mecanismo que funciona dentro del cabecero metálico. Se puede elegir el lado en el que irá colocada la barra. Por comodidad, lo mejor es colocarla según la ventana. Si va a poner dos persianas juntas quedará mejor si la ventana de la derecha tiene la barra a la derecha y la de la izquierda la tiene a la izquierda.

Las instrucciones para la instalación de las persianas se facilitan con su compra. Sígalas.

PERSIANAS VENECIANAS DE LAMAS DE MADERA

Las persianas venecianas de lamas de madera están volviendo a imponerse después de un largo período en desuso. Están formadas por lamas de madera de distintos anchos según el modelo y adornadas con cintas anchas de algodón de distintos colores para coordinar con la decoración de la habitación. El color de la madera se deja también a la elección del comprador: los colores van desde el caoba oscuro hasta el pino claro. También las hay pintadas en lugar de barnizadas.

Normalmente la instalación de las persianas venecianas suele realizarla un profesional.

PERSIANAS DE TABLILLAS DE MADERA

Las persianas de tablillas de madera son la mejor elección para un tratamiento de ventana económico y con estilo. Las tablillas son muy finas así que pueden cortarse los extremos para ajustarlas al ancho de la ventana por dentro del marco, o pueden dejarse como están por fuera del marco. Se venden teñidas o pintadas, aunque lo normal es dejarlas de color natural. Las tablillas se unen mediante un par de cordones que corren a lo largo del cabecero y caen por un lado.

PERSIANA DE LAMAS VERTICALES

Las persianas de lamas verticales son muy comunes en oficinas y fábricas de estilo industrial y limpio, sobre todo para grandes ventanas correderas que quedarían exageradas con cualquier otro sistema. Aunque ya no son tan populares como antes todavía cumplen su papel como solución al desorden.

Las lamas verticales están hechas de metal, de tela plastificada o de plástico. Giran sobre sí mismas para dejar pasar la luz o las vistas o taparlas, según convenga. Cuando se retiran hacia un lado, las lamas se juntan y ocupan muy poco espacio. Las lamas suelen estar unidas por debajo con una pequeña cadena para mantenerlas en posición.

Las persianas de este tipo se utilizan en ventanas que van de techo a suelo, aunque también son útiles para ventanas que van de una pared a otra por encima de un pequeño antepecho, sobre el que puede correr la persiana sin tener que llegar al suelo.

Aunque los colores más normales de este tipo de persianas son el blanco o los tonos metálicos, también se venden de colores. Al igual que las venecianas de lamas pequeñas, pueden tener un color distinto en cada cara de las lamas.

El mecanismo para abrirlas y cerrarlas es de cordón y polea y además tiene una barra para girar las lamas. A veces se colocan con una galería. La instalación debe realizarla siempre un profesional.

Las contraventanas interiores, compuestas normalmente de lamas horizontales giratorias, son otra de las alternativas «drásticas» para conseguir más privacidad, mayor que la de las persianas. Las contraventanas, generalmente de madera, giran y se pliegan contra la jamba de la ventana cuando no están cerradas. Cuando se despliegan y se cierran, dejan la habitación completamente a oscuras.

Las contraventanas pueden estar montadas por parejas en cada ala de la ventana, una en la mitad superior y otra en la inferior. Esta configuración resulta muy útil puesto que se puede cerrar la mitad inferior para mantener la privacidad mientras que se deja abierta la mitad superior para que entre la luz.

Las contraventanas se venden sin terminar; es el comprador el que debe darles una capa de protector y barnizarlas o pintarlas, lo que desee.

Montaje de las contraventanas

Las contraventanas son muy fáciles de montar. Primero debe medir el marco de la ventana en su interior y decidir si va a montar dos contraventanas o una en cada ala de la ventana. (Al comprar dos contraventanas para colocarlas en una ventana, recuerde que debe dejar siempre una holgura entre ellas de entre medio y un centímetro para que abran y cierren sin obstrucciones. Es mejor dejar un espacio más ancho de lo normal que no tener espacio suficiente para que cierren bien las contraventanas.)

Una vez compradas las contraventanas, colóquelas en la ventana y marque el punto de la jamba donde deben introducirse las bisagras. Primero atornille las bisagras a la contraventana y luego fíjelas a la jamba. Repita el proceso con todas las contraventanas.

Contraventanas mallorquinas

Las contraventanas que ahora se consideran más modernas no son nuevas. Son las mallorquinas tradicionales, de lamas algo más anchas y colocadas siempre solas, nunca en parejas. Suelen hacerse a medida para cubrir toda un ala de la ventana o incluso una puerta corredera de cristal.

Contraventanas mallorquinas

A veces, para permitir mayor paso de aire, las contraventanas pueden proyectarse hacia fuera y sujetarse mediante un gancho metálico.

Las ventanas dejan pasar mucha luz durante el día pero cuando el tiempo es más triste debemos utilizar luz artificial como complemento. En el siguiente capítulo estudiaremos la iluminación y los tipos de luces para poder ahuyentar la tristeza e iluminar las habitaciones más oscuras.

EN RESUMEN

❖ Las ventanas pueden dejarse sin decoración o vestirse, dependiendo de la necesidad de privacidad o las preferencias decorativas.

❖ Algunas ventanas son muy difíciles de cubrir; busque cortinas o persianas especiales que le solucionen el problema si quiere cubrirlas.

❖ Las cortinas son más informales que los cortinajes, sobre todo por el tipo de tela que se utiliza en ellas y por su colocación, que es bastante más complicada.

❖ Las cortinas son muy fáciles de hacer, sobre todo a partir de sábanas.

❖ Considere tanto la caída como el fruncido de las cortinas; deben quedar llenas, nunca escasas.

❖ Puede colocar guardamalletas o galerías como remate de una cortina y para dar un toque decorativo más interesante a la habitación.

❖ Las persianas pueden utilizarse solas o junto con cortinas o cortinajes.

12. ILUMINACIÓN Y LÁMPARAS

La iluminación da el ambiente en una habitación y afecta al carácter de sus habitantes más que cualquier otro aspecto de la casa. Al igual que lo hace en el teatro, la luz altera el aspecto y la atmósfera de una habitación con un golpe de interruptor o el giro de un reductor de luz. Cuando se muda, la nueva casa suele tener un sistema básico de iluminación, normalmente unos cuantos focos y algunas salidas de luz. Este esquema permite ver las habitaciones con cierta claridad y poder pasar de una a otra sin tropezar. Luego, el constructor o el arrendador suponen que el que va a ocupar la casa ha de colocar las luces necesarias para complementar este esquema básico.

Para sentirse cómodo en un lugar la iluminación debe conseguir un equilibrio entre dos o más de estas cuatro fuentes de luz posibles: general, focal, de ambiente y de decoración. Entre todas ellas establecerán el equilibrio entre la luz y la sombra deseada, siempre reflejando su estilo personal.

Luz general

La luz general se consigue mediante plafones o focos colocados generalmente en el centro del techo. Estas luces iluminan el espacio interior y su intensidad depende del tipo de bombilla que tenga. La mayoría de la gente elige bombillas de 75 o 100 vatios o un fluorescente que dé una cantidad de luz parecida. Para aumentar la cantidad de luz, la iluminación de techo se complementa con otros sistemas de iluminación adicionales como los apliques de pared, las lámparas de sobremesa, las de pie o la luz natural.

Luz focal

Muchas actividades, como la lectura, la cocina, el trabajo de despacho o los hobbies, requieren un foco de luz más intenso y centrado. Las lámparas de sobremesa, los focos de techo sobre guías o las lámparas de escritorio dirigen la luz hacia una zona concreta. En general esta luz debe filtrarse para evitar deslumbramientos.

Las mejores bombillas para trabajar son las que pueden funcionar a 50, 100 o 150 vatios, porque se puede controlar la intensidad de luz que se necesita en cada momento. La potencia más baja es una lámpara de ambiente y las dos más altas son para trabajos más cortos o más largos, es decir, se debe aumentar la intensidad de la luz según aumente el tiempo necesario para realizar una actividad.

LUZ DE AMBIENTE

Algunas lámparas están diseñadas sólo para crear un cierto ambiente, ya que emiten una luz que no resulta suficiente para iluminar una actividad. En ellas, la forma o el diseño de la lámpara suele ser más importante que la iluminación que proporcionan. Un ejemplo de luces de ambiente son los bañadores de pared. Otra forma de controlar el ambiente es mediante reductores de luz en lámparas de techo, de pie o de sobremesa.

LUZ DE DECORACIÓN

Los pequeños focos que se utilizan para iluminar cuadros, esculturas o incluso plantas se llaman luces de decoración. Estas lucen concentran el halo únicamente en un punto: la obra que quiere destacarse. También se consideran luces de decoración otro tipo de luces como por ejemplo las velas. Todas ellas se utilizan para complementar una luz general, aunque si se encienden solas pueden considerarse luces de ambiente.

Zonas de iluminación

La iluminación marca tres zonas dentro de una habitación: la zona que está por encima del ojo, la que está por debajo y la que está a la altura del ojo. El nivel superior está controlado obviamente por la luz que da la lámpara de techo. Esta zona puede estar acentuada por luces indirectas empotradas detrás de las molduras de la pared o el techo: una cornisa alrededor del techo que esconde focos de luz descendente, o un hueco en la pared a pocos centímetros del techo que tiene focos de luz dirigidos hacia arriba.

En la zona a nivel del ojo, iluminada por lámparas de pie y de sobremesa, se encuentran las áreas de trabajo o actividad. Debido a la intensidad de luz que se necesita para la mayoría de las actividades, estas zonas suelen ser las más iluminadas. La zona por debajo del nivel del ojo es la que necesita menos luz. En ella predominan las luces decorativas o los focos de suelo para plantas.

¿Cuál es la mejor iluminación?

En habitaciones donde se realizan varias actividades, o habitaciones con un papel tanto público como privado, como por ejemplo una biblioteca o una habitación de invitados, la iluminación debe estar equilibrada con al menos dos de los cuatro tipos de iluminación: luz general y luz focal. Los otros dos, la luz de ambiente y la decorativa, pueden añadirse después o derivarse de las dos anteriores.

Si quiere eliminar la luz de techo debe asegurarse de crear suficiente luz general con otras lámparas, como apliques de pared o focos de suelo y lámparas de sobremesa con pantallas traslúcidas que extiendan bien la luz. Tenga siempre alguna luz encendida cuando vea la televisión para evitar dañar la vista.

INSTALAR LAS LUCES

Como existe riesgo de electrocutarse, lo más seguro es que las luces de techo o de pared las instale un electricista, que sabe hacer las conexiones necesarias.

LUCES EN ZONAS DE ENTRETENIMIENTO

Las habitaciones donde se realizan actividades de entretenimiento deben iluminarse con luz general. En estas habitaciones no suelen llevarse a cabo actividades individuales que necesitan luz focal, como la lectura o la costura. Será suficiente colocar un par de lámparas de sobremesa en la zona donde se suele disponer la bebida o la comida (o instalar focos en el techo dirigidos a esa zona), o sencillamente complementar la luz general con reductores de luz o luces de decoración.

LUCES DE LECTURA

La luz que debe elegirse con más cuidado es la luz focal, que ilumina la mayoría de las actividades y en especial la lectura. La mejor luz para leer es la que combina la iluminación general con un foco de luz dirigido hacia la lectura.

Una luz de pie o de sobremesa con una pantalla traslúcida de al menos 40 cm de diámetro en la base puede ser una buena solución, ya que la pantalla extiende la luz general suficiente iluminando a la vez la lectura. Esta lámpara debe colocarse de forma que la base de la pantalla quede a nivel del ojo, generalmente a un metro aproximadamente del suelo.

Una lámpara de sobremesa debe estar a una distancia aproximada de medio metro del centro de la lectura y ligeramente detrás del que lee (preferentemente en su hombro), para evitar el deslumbramiento; si es una lámpara de pie debe estar algo más atrás, a unos 65 cm del centro de la lectura.

LEER EN LA CAMA

Los dormitorios deben combinar una buena luz de lectura con una iluminación general agradable o incluso romántica.

Lámpara de pared de brazo articulado

Las lámparas de mesilla se suelen colocar en la pared o encima de la mesilla. La más versátil de todas es la de pared de brazo articulado con una pantalla traslúcida, porque permite controlar la posición de la luz y leer con más comodidad. Si compra una de estas lámparas pida una tira de metal a juego para cubrir el trozo de cable que queda al descubierto.

Como ya hemos dicho antes, si no le agrada la idea de hacer conexiones eléctricas, lo mejor es que llame a un profesional para que le ponga la lámpara. Si la casa es de alquiler quizás el arrendador le proporcione un electricista.

Otras luces para el dormitorio

Si tiene un tocador en la habitación coloque un par de lamparitas pequeñas encima para que le den una luz uniforme mientras se arregla. Las zonas de armarios y los vestidores deben estar bien iluminados porque generalmente allí es donde uno se viste.

En las habitaciones infantiles, como en el resto de la casa, los enchufes deben taparse con protectores para evitar que los niños metan los dedos dentro de los agujeros. Además, los niños necesitan buena luz para leer, para jugar y quizás para ahuyentar el miedo por la noche.

Iluminar el baño

Para arreglarse se necesita una luz homogénea, sin sombras, preferiblemente con una serie de bombillas alrededor que mejoren nuestro aspecto. Es posible que el baño tenga ya instalado un espejo con luz o unos apliques especiales. Si quiere cambiarlos tiene unas cuantas opciones. Una de ellas es colocar apliques de globo a los lados del espejo. Estos apliques deben estar separados del espejo unos 50 cm para que no deslumbren. Otra posibilidad es colocar una guía con focos encima del espejo. Como hemos dicho antes, por motivos de seguridad lo mejor es llamar a un profesional para la instalación.

En cualquier iluminación que elija para el baño utilice bombillas de luz blanca o rosada suave.

Si su baño es grande y cree que podrá hacer frío en los meses de invierno, considere la posibilidad de incluir una luz de infrarrojos en el sistema eléctrico. La luz puede instalarse al lado o cerca de la luz del techo. Estas estufas no dan luz, así que no pueden ocupar el lugar de un foco. Y si el baño no tiene ventilación, también puede instalar un ventilador para prevenir la acumulación de humedad y así evitar la aparición de hongos.

ILUMINAR LA COCINA

La cocina es un caso especial porque necesita luz general para iluminarla completamente, y además luz focal en cada superficie de trabajo.

La cocina tiene siempre dos zonas bien diferenciadas: el triángulo de trabajo comprendido entre los fuegos, la nevera y el fregadero y la zona del *office*. En el *office* puede colocarse una lámpara colgante encima de la mesa (deje una distancia mínima de 75 cm para no darse con la cabeza), y si la cocina tiene una isla central también puede tener una luz encima. Además conviene iluminar también las zonas del fregadero y los fuegos mediante un foco o dos, una guía con luces o un fluorescente escondido detrás del guardamalletas de la ventana, si tiene.

Para su seguridad es mejor que sea un electricista profesional quien instale todas estas luces.

Iluminar la encimera

Para iluminar una encimera o una superficie de trabajo colocada bajo armarios de pared la mejor solución es colocar tubos fluorescentes bajo los armarios (estos fluorescentes varían en longitud desde 30 cm hasta 1 m), protegiéndolos con una pieza de madera que evita el deslumbramiento. Estos tubos deben montarse cerca del borde frontal del armario y deben medir al menos dos tercios de la longitud de la encimera sobre la que están colocados.

Estos tubos fluorescentes no tienen que ser instalados por un profesional. La mayoría se venden ya preparados con abrazaderas para atornillar bajo los armarios o con tiras adhesivas para pegarlos. Sólo tiene que decidir dónde va a colocarlos, marcar el lugar, instalar los enganches y colocar el tubo. La luz tiene un cable y un enchufe, como una lámpara, así que es muy fácil de instalar.

PASILLOS Y ESCALERAS

Estos espacios deben iluminarse adecuadamente, en primer lugar por motivos de seguridad, pero también para complementar las habitaciones contiguas. Los apliques de pared o las luces de techo sirven siempre que iluminen bien los interruptores de la luz y los escalones. Si cuelga cuadros podría añadir luces puntuales para colocar encima de cada uno de ellos.

LA ENTRADA Y LA LUZ EXTERIOR

¿Quiere una fuerte iluminación para su entrada o sólo es el lugar donde se quita los zapatos y guarda los paraguas? La forma en que utiliza la entrada determina el tipo de iluminación que necesita. Las posibilidades son: una pequeña lámpara colgante, lámparas de sobremesa o un par de apliques de pared. De nuevo, y por seguridad, debe poder ver el interruptor de la luz al entrar, igual que en los pasillos y las escaleras.

Si tiene un jardín delantero, tenga en cuenta que la iluminación de la puerta de entrada debe darle seguridad cuando llegue y a la vez dar la bienvenida a sus invitados. Un par de apliques de exterior, elevados aproximadamente 1,50 m del suelo, a cada lado de la puerta dan la iluminación adecuada. También le servirá una única lamparilla suspendida encima de la puerta o del techo del porche.

Si tiene algún camino de entrada por el jardín ilumínelo con claridad hasta la puerta de entrada.

Un electricista profesional se encargará de proteger la

luz exterior de la humedad y de la lluvia. Esto se consigue mediante un protector calafateado.

LAS LÁMPARAS EN LA DECORACIÓN

La decoración de cualquier habitación está incompleta sin las lámparas. Aun así, poca gente considera las lámparas como algo más que elementos decorativos accesorios que se compran por capricho y se colocan allí donde más luz se necesita.

Pensar en las necesidades de luz según las actividades o los ambientes, como antes hemos descrito, debe darle una idea sobre el tipo de lámparas que necesita para su estilo de vida. Recuerde, sin embargo, que la iluminación y las lámparas también forman parte integral de la decoración de su casa.

Cuándo comprar lámparas

Las lámparas pueden realzar o empeorar la decoración de una habitación. Su altura y su volumen, proporción, escala y estilo afectan al equilibrio en la organización del mobiliario. Es importante que elija las lámparas, sobre todo las de sobremesa, *después* de decidir el mobiliario, para que pueda planificar un aspecto homogéneo en todo ello. Si no puede hacerlo lo mejor es elegir lámparas que no sean muy estilizadas ni muy altas.

Elegir una lámpara de sobremesa

Cualquier lámpara, ya sea de pie o de sobremesa, debería estar colocada de forma que la bombilla quedara a un metro aproximadamente del suelo, con la base de la pantalla al nivel del ojo. Aunque varía según la altura de la mesa, la altura ideal de una lámpara es entre 50 y 70 cm. Si la pantalla es muy alta el reflejo de la bombilla molestará a los ojos; si es muy baja la luz no dará a la altura de las manos o del libro.

Las mesas auxiliares que se ponen a los lados del sofá o al lado de una butaca quedan más equilibradas cuando son 5 cm más altas o más bajas que el brazo del sofá o la butaca. Si es mayor o menor estará fuera de escala. Además resulta incómodo alcanzar un objeto en una mesa cuando ésta es muy alta o muy baja.

Por tanto, la altura de la mesa determinará la altura de la lámpara que se coloque sobre ella.

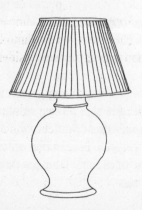

Lámpara de jarrón con pantalla tableada

Si la mesa es 5 cm más alta que el brazo del sofá, la lámpara debe ser más baja, y viceversa.

Tipos de lámparas de sobremesa

Se puede hacer una lámpara de sobremesa de casi cualquier cosa. Muchas de las lámparas más bonitas, tanto antiguas como modernas están basadas en otros objetos decorativos o se han hecho a partir de ellos, como por ejemplo jarrones, vasijas, cajas de madera o botes de latón. Las lámparas se fabrican con materiales muy variados, como por ejemplo bronce, hierro forjado, latón, cristal, porcelana, madera o incluso papel y alambre.

Tradicionalmente las lámparas estaban diseñadas para coordinar con el mobiliario. En algunos casos eran objetos de moda muy valorados, como los espejos. Muchas de las lámparas antiguas imitaban a sus predecesores, los candelabros; otras se hacían a partir de piezas de porcelana importadas del extranjero, por ejemplo la lámpara con pie de jarrón de porcelana china. Hoy en día tanto las lámparas de candelabro como las de jarrón se consideran modelos clásicos.

Las lámparas de diseño contemporáneo tienden a ser mucho más complicadas, a veces casi esculturales, y más estilizadas. Suelen fabricarse de metal bruñido o pintado de negro. La mayoría sólo utilizan bombillas halógenas, así que conviene leer las etiquetas antes de comprar una lámpara. (Hablaremos sobre las bombillas halógenas un poco más adelante.)

La lámpara de arquitecto

Otro de los diseños modernos de lámpara que todavía mantiene su popularidad es la lámpara de arquitecto. Con su pantalla giratoria y ajustable de estilo industrial y su brazo articulado, es una lámpara muy versátil, sobre todo para lugares de trabajo en casa y habitaciones juveniles. La lámpara de arquitecto tiene dos variantes según la base: una de base redonda atornillada al brazo y otra de pinza. La pinza puede colocarse en una estantería o cualquier otra superficie vertical, como una mesa o una balda horizontal.

Lámpara de candelabro con pantalla tableada rígida

Otra variante muy popular de la lámpara de arquitecto es la Tizio, llamada así por su diseñador. Como es una lámpara de diseño es bastante cara. La Tizio tiene una bombilla halógena pero en todo lo demás funciona como la lámpara de arquitecto.

Lámparas de pie

Aunque parezcan más voluminosas e incómodas que las lámparas de sobremesa, en realidad son más manejables porque pueden moverse y ajustarse sin alterar la disposición de una mesa. Algunas incluso tienen baldas o tableros para combinar su finalidad. Este tipo de lámpara-mesa funciona muy bien en la mayoría de los casos porque la bombilla está colocada ya a la altura correcta para leer o realizar cualquier otra actividad en una butaca.

LÁMPARAS DE PIE MÁS COMUNES

Lámpara de farmacia: Copia de las que se utilizaban antiguamente en las farmacias. Está hecha de bronce o cromo, tiene un brazo largo en forma de tubo y acaba en una base redonda. Las pantallas varían: la triangular clásica en forma de tejadillo, la redonda y la de concha. El brazo se puede subir o bajar para evitar el deslumbramiento de la bombilla y la pantalla gira para dirigir la luz hacia cualquier dirección.

Lámpara de luz ascendente: Diseñada para dirigir la luz hacia el techo. Es muy útil como luz de ambiente o para complementar la luz general.

PANTALLAS

Se pueden encontrar pantallas en tiendas de decoración, grandes almacenes e incluso tiendas de todo a cien. Las pantallas más caras son las de seda, pero se hacen copias muy duraderas y mucho más baratas de tejidos como el rayón. Las pantallas ya confeccionadas se venden en blanco, crema o marfil, colores neutros que van con casi todos los tipos de decoración. No obstante puede encargar una pantalla en cualquier color, aunque debe tener en cuenta que la mayoría de los colores reducen la luz. También se hacen pantallas de metal o de papel.

Forma y proporciones

Sea cual sea el material utilizado, lo importante en una pantalla es la forma, la escala y las proporciones. Una pantalla que se vea demasiado voluminosa no resulta bonita, ni tampoco tan pequeña que se vea la bombilla o el portalámparas.

A menos que la lámpara sea alta y estrecha, con forma de candelabro, lo más probable es que la pantalla más equilibrada con respecto al pie sea la que tenga más o menos la misma altura que la base y un diámetro de unos 40 cm para una mayor difusión de la luz. Por ejemplo la lámpara de pie de jarrón es una base cilíndrica de cerámica y una pantalla de la misma altura que el pie.

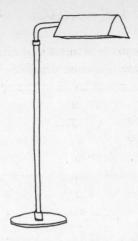

Lámpara de farmacia con pantalla triangular

Estilos de pantallas

La mayoría de las pantallas tienen una abertura en la parte superior de diámetro un poco más pequeño que la abertura inferior. Si la diferencia de diámetros se exagera, la pantalla se hace más corta para equilibrarla.

Algunas tienen tablas o pliegues para darles una textura más lujosa.

Culi: Llamado así porque tiene la misma forma que los típicos sombreros chinos. Queda mejor en pies altos y estilizados, como por ejemplo los de candelabro.

Pagoda: Tiene lados convexos y un remate en la parte de abajo. Suele colocarse en pies en forma de columna gruesa, en lámparas de jarrón, de vasija o de caja.

Trapecio: Nombre general para pantallas circulares, ovaladas o convexas con forma de trapecio. Las pantallas ovaladas quedan mejor en pies de columna doble o múltiple.

Triangular: Pantalla en forma de triángulo con base rectangular, como si fuera un tejadillo.

Lámpara de vasija con pantalla culi

Comprar una pantalla

Hay una gran variedad de tipos de pantallas según el sistema de montaje. ¿Tiene su lámpara armazón –el armazón de metal que sujeta la pantalla– y casquillo –la pieza de metal sobre la que se coloca la bombilla– o sólo casquillo? En el último caso, ¿necesita una pantalla que se enrosque en el casquillo o que se fije a la bombilla? La mayoría de las pantallas para lámparas de sobremesa ya tienen su armazón metálico mientras que las de las lámparas de pie no. Fíjese en la suya.

Si va a comprar una pantalla para una lámpara de sobremesa siempre es buena idea llevar el pie y consultar al vendedor sobre la pantalla más apropiada. Si no puede transportarlo con facilidad lleve una fotografía o un dibujo con las medidas anotadas por detrás.

Posibilidades decorativas

Cuando haya decidido el tamaño y la forma de la pantalla tiene varias posibilidades. ¿Quiere una pantalla tableada o plisada? ¿Quiere adornar la pantalla con un remate, sea de papel o de tela? ¿Quiere que las pantallas tengan algún dibujo estarcido o figuras recortadas?

¿Quiere forrar las pantallas de alguna tela que coordine con la del sofá, la de la colcha o las cortinas? Algunos fabricantes de muebles ofrecen lámparas y pantallas a juego con sus muebles; si no, en una tienda de decoración o de bricolaje pueden hacerle las lámparas a su gusto.

Forrar una pantalla de papel con tela

Si se le dan bien las manualidades usted mismo puede forrar una pantalla de papel con la tela que desee. Si la pantalla tiene forma de trapecio, como la mayoría, tiene que cortar la tela de forma que se ajuste al diámetro inferior y luego corregirla en la parte de arriba con pequeñas pinzas.

Corte la tela en una tira que dé la vuelta a la pantalla y pueda doblarse hacia dentro en la circunferencia de arriba y de abajo. Rocíe la parte de atrás de la tela con un pulverizador adhesivo para telas. Coloque con cuidado la tela sobre la pantalla y presione con suavidad ajustando las pinzas. Estas pinzas son pequeñas tablas triangulares que debe ir doblando donde sea necesario para corregir el sobrante de tela en la circunferencia superior. Quedará mejor, por supuesto, si las pinzas están distribuidas ordenadamente sobre la pantalla. Tenga también cuidado de no dejar burbujas de aire o arrugas en la tela.

Si le gusta, para rematarla puede colocar una cinta a juego en la circunferencia superior e inferior que sobresalga un poco por ambos lados para cubrir los bordes.

CONTROLAR LA LUZ

Sea cual sea la fuente de luz que tenga, puede instalar reostatos o reductores de luz para controlar la intensidad de la iluminación en cualquier situación. La mayoría de los reductores de luz se instalan en lugar de los interruptores. Los más sofisticados funcionan sólo con el tacto y registran los niveles de intensidad en un lector digital. Otros son sistemas de ruedas giratorias, botones que se mueven hacia un lado o interruptores que bajan o suben la intensidad por grados.

TIPOS DE BOMBILLAS

La bombilla que elija para su lámpara variará la calidad de la luz que dé. Hay principalmente tres tipos de bombillas: las incandescentes y reflectoras, las más comunes; las halógenas o de tungsteno, que son una variedad de las incan-

descentes; y los fluorescentes. De los tres tipos, los fluorescentes son los de más bajo consumo, casi una quinta
parte de la electricidad que consumen las bombillas incandescentes. Además duran hasta veinte veces más.

Desgraciadamente los fluorescentes han adquirido muy
mala reputación porque los típicos tubos emiten una luz
verdosa que no resulta atractiva. Ahora se hacen ya con
una gran variedad de blancos y otros colores, incluyendo
el blanco suave, que imita al de las bombillas incandescentes, y el más parecido a la luz del día. Además existen una
gran variedad de formas aparte del tubo tradicional, y se
pueden colocar en lámparas de sobremesa y de pie, en plafones de techo o bajo los armarios de la cocina. La más útil
es una bombilla de rosca que se adapta a cualquier casquillo normal.

BOMBILLAS ESPECIALES

Como las bombillas reflectoras tienen un baño reflector
plateado dentro de la bombilla, dirigen y concentran la luz
más que una bombilla incandescente normal. Estas bombillas se venden en dos versiones: las que tienen el baño
en la zona frontal, que producen una luz indirecta y extendida, y las que tienen el baño por los laterales, que concentran el haz de luz. Debido a la posibilidad de controlar
la dirección de la luz, son bombillas muy utilizadas en la
iluminación con guías.

Bombillas halógenas

Las bombillas halógenas o de tungsteno tienen una luz blanca brillante e intensa, mucho más potente que la de las bombillas incandescentes normales. Duran más pero son muy frágiles y requieren un manejo especial. No debe tocarse el cristal que recubre la bombilla con los dedos porque tiene un baño que reacciona de forma adversa a la grasa y el sudor del cuerpo. Las halógenas de bajo voltaje necesitan además un transformador para corregir el voltaje de la red.

A pesar de todos estos inconvenientes las bombillas halógenas, y sobre todo las de bajo voltaje, se usan cada vez más, en parte porque han modificado el diseño de las lámparas. Como las bombillas halógenas son muy pequeñas las lámparas que las usan pueden ser también más pequeñas, más estrechas y de perfil más estilizado. Las lámparas halógenas ocupan menos espacio en una mesa; las de techo pesan menos y obstruyen menos la visión.

Las bombillas halógenas se suelen colocar sobre todo en vez de las bombillas reflectoras; muchas incluso imitan su forma aunque en pequeño. La bombilla halógena más pequeña es del tamaño de un cacahuete y se suele poner en lámparas de escritorio y pequeños focos montados sobre guías.

LAS LÁMPARAS COMO ACCESORIOS

Aunque las lámparas sean objetos eminentemente prácticos, se consideran uno de los accesorios primordiales de la decoración. Deben coordinar con otros accesorios a la vez que los iluminan, y a su vez los accesorios deben quedar bien junto a las lámparas. En el capítulo final analizaremos con brevedad los accesorios. Será un análisis breve porque los accesorios son lo más personal de nuestras pertenencias y en un libro de este tipo no podemos, y no debemos, dictaminar sobre lo personal.

EN RESUMEN

❖ La iluminación tiene cuatro fuentes principales: la general; la focal, para actividades concretas; la ambiental, para acentuar un ambiente; y la decorativa, para destacar objetos concretos.

❖ Elija dos o más de entre estas fuentes de luz para equilibrar la iluminación de una habitación.

❖ Las luces de lectura y las lámparas deben estar colocadas correctamente en la mesa, la pared o el suelo para evitar el deslumbramiento de las bombillas en los ojos.

❖ La buena iluminación es importante también por motivos de seguridad.

❖ Las lámparas deben encajar en la decoración de la habitación y deben ser adecuadas a la situación y el entorno.

❖ Las pantallas y las bombillas afectan a la calidad de la luz.

13. ACCESORIOS

Todo lo que se añade a la decoración básica de una habitación para acentuar un ambiente o darle un toque especial es clave para entender el estilo de vida. Los accesorios dicen más de la personalidad y de la comodidad de una casa que cualquier otro elemento. El instinto de recoger y acumular cosas, y así marcar un lugar con nuestra personalidad, es muy fuerte y profundo. Fotografías, libros, colecciones o incluso plantas y flores, son todos objetos que hablan con claridad sobre sus dueños.

LA CALMA O EL DESORDEN

Algunas personas viven en lugares espartanos, con las posesiones mínimas necesarias. En habitaciones como éstas cada uno de los accesorios, desde una lámpara hasta un jarrón, una vela o un cuadro, parece destacar de lo que le rodea. La yuxtaposición de elementos es la clave de una decoración escasa. El tamaño de cada objeto en relación con todo lo que le rodea dice mucho sobre la idea de los dueños de la habitación con respecto a la proporción, la escala y la armonía. Los objetos parecen investidos de un halo especial, un aura que combina en cierto modo el desorden y la calma.

Por el contrario las habitaciones con muchas cosas mezclan los objetos con el entorno y crean una atmósfera rejuvenecedora. La acumulación de pertenencias puede llegar a ahogar una habitación pero una serie de objetos bien elegidos y agrupados da sensación de calidez y aporta interés a la decoración.

ELEGIR LOS ACCESORIOS

A lo largo de nuestras vidas acumulamos pertenencias; muchas son cosas que compramos porque necesitamos; otras, en cambio, las compramos porque nos llaman la atención. Hay personas que tienen un especial y certero sentido de lo que les gusta y lo que no. Si les gusta un objeto en concreto lo compran y lo exhiben en toda su gloria. Otras personas acumulan miles de cosas, de sus familias, de viajes, o simplemente de su necesidad de llenar su casa.

El origen de los accesorios

Todo lo que es portátil, personal y lleno de significado puede considerarse un accesorio. La lista de accesorios potenciales es infinita –desde desechos hasta curiosidades, candelabros o colchas, artesanía o colecciones de monedas– e igual de interminable es la lista de los lugares donde pueden encontrarse: el desván de la abuela, rastrillos, subastas, tiendas especializadas en decoración, almonedas, o incluso en el arcén de una carretera, en un bosque o en una playa.

A menudo los accesorios que más nos gustan son los que hemos descubierto de forma inesperada. Por esa razón los recuerdos son tan evocadores: como los *souvenirs*, conjuran situaciones, conectan lugares, personas y ocasiones.

REGLAS PARA EXHIBIR ACCESORIOS

Hay unas cuantas reglas para la exhibición de accesorios. Son básicamente las mismas que gobiernan el buen gusto: la proporción, el equilibrio, la escala y la armonía. Todas entran en juego cuando se agrupan una serie de objetos. Si los objetos se agrupan sin ton ni son darán sensación de desorden.

Objetos encima de una mesa

Encima de una mesa, por ejemplo, la mezcla de objetos altos y rechonchos suele ofrecer un conjunto agradable a la vista, por ejemplo una lámpara de jarrón junto a un montoncito de libros, un marco con una fotografía, un pequeño florero con flores y quizá una vela o dos. Ninguno de los objetos domina; todos contribuyen de igual forma al «paisaje».

Pero los «paisajes» no están grabados en piedra. Todos los objetos pueden moverse o cambiarse. La regla principal es que la disposición de los objetos sea cómoda y que la mesa no parezca demasiado llena.

La organización

Para exhibir objetos hay que utilizar el sentido de la organización tanto como el de la colocación o disposición. ¿Dónde quiere colocar ese objeto o grupo de objetos? ¿En una estantería? ¿Sobre una mesa o encima de un escritorio o un aparador? ¿En la pared?

El factor principal a considerar es cómo separar o dividir los objetos. Cuando piense dónde va a ir cada cosa, no debe descuidar la cuestión de la conveniencia. ¿Será fácil, por ejemplo, limpiar el polvo de una colección de figuritas si las colocamos en el estante más alto de una librería abierta? ¿Podremos coger un libro con facilidad si lo colocamos en su lugar en la librería, o lo embutimos en una pila de libros en el suelo o en la mesita de café? ¿Podrá encontrar el disco cuando quiera ponérselo a sus amigos?

La regla del nivel del ojo

Lo mejor es colocar los accesorios más grandes a nivel del ojo cuando está sentado; primero porque querrá ver todas sus cosas sin tener que subir demasiado la cabeza. Si los objetos grandes se colocan muy altos parecerán demasiado pesados y darán la sensación de caerse hacia delante.

Por eso lo mejor es colgar un cuadro o un grupo de cuadros lo más cerca del respaldo del sofá que se pueda y no cerca del techo. Si el cuadro se coloca bajo tendrá relación con los muebles; si se coloca demasiado alto parecerá flotar en la pared como un objeto independiente.

Los objetos grandes, como por ejemplo los jarrones de flores o las esculturas, las cestas llenas de madejas de lana o los libros grandes, deben colocarse encima de una mesa o en un pedestal o banqueta baja (o incluso en el suelo), pero nunca en un estante alto. Por su tamaño parece normal que estén bajos; si se colocan demasiado altos parecerá que van a aplastar la habitación.

Una cuestión de simetría

Un par de objetos iguales, como por ejemplo candelabros, quedan mejor si se colocan flanqueando un tercero. Un par de platos a ambos lados de un cuadro, una bandeja encima de un aparador, o dos candelabros de pared a los lados de un espejo en una entrada dan sensación de armonía y equilibrio. Asegúrese de que el objeto central se encuentra a nivel del ojo; así sus acompañantes pueden situarse más arriba o más abajo dependiendo de los muebles que haya alrededor.

Colgar cuadros

La regla del nivel del ojo se aplica especialmente en el caso de los cuadros, posters, fotografías o cualquier otro objeto de arte. La mayoría de la gente cuelga los cuadros demasiado altos, forzando el punto de vista. Los lienzos deben disfrutarse cuando el que los ve está sentado, así que al bajarlos estamos facilitando su apreciación.

Antes de colgar los cuadros lo mejor es ponerlos en el suelo y probar distintas disposiciones hasta encontrar la que más nos convence. Entonces cuelgue primero el cuadro central ajustándolo al nivel del ojo y después sitúe los demás según la disposición que más le gusta.

Recuerde que cuando cuelga cuadros debe tener en cuenta también las paredes adyacentes para que la habitación mantenga el equilibrio. Intente repartir los cuadros entre las cuatro paredes de la habitación en lugar de acumularlos todos en una. Si tiene cuadros grandes quizá queden mejor uno enfrente del otro.

Colocar objetos en estantes

Cuando coloque objetos en estantes, la regla general es poner los que menos utiliza en los estantes más altos y los más usados en los más bajos. Sin embargo entra en juego el sentido de la escala si los objetos están a la vista. Los objetos más voluminosos se ven mejor por debajo del nivel del ojo o fuera de la vista.

Equilibrar objetos

Cuando se agrupan objetos en una estantería se deben colocar los más grandes detrás y los más pequeños delante. Para no romper el equilibrio los objetos más grandes deben colocarse en el centro y los más pequeños alrededor.

Los objetos individuales, como por ejemplo pequeñas piezas de artesanía, platos, jarrones o esculturas, pueden colocarse en una estantería a un lado de los libros, en el centro, o delante de los libros.

LIBROS

Los libros pueden agruparse de muchas formas: de pie en filas, en columnas o apoyados sobre un sujetalibros, o las tres a la vez. A veces es mucho más fácil tumbar los libros grandes y además así se leen los títulos más fácilmente.

Los libros más grandes deben ponerse en los estantes más bajos porque si no desequilibran el mueble a la vista y además es más fácil sacarlos.

LOS APARATOS ELECTRÓNICOS

A medida que la tecnología se vuelve más complicada, cada vez más cosas de nuestra casa, que cada vez consideramos más necesaria para nuestro bienestar, están gobernadas por la electrónica. Los aparatos de entretenimiento familiar (el estéreo, la televisión, el vídeo), el ordenador, el teléfono, la fotocopiadora, el fax, los videojuegos y otros juguetes electrónicos, los relojes, las radios, son todos objetos sin los que ya no podríamos vivir a las puertas del siglo XXI.

Se están empezando a diseñar aparatos electrónicos que se integran en la decoración de la casa en lugar de desafiarla. El negro y los colores metálicos que predominan en todos estos aparatos les permiten adaptarse al ambiente sin ostentación y además cada vez tienen menos cables colgando.

EQUIPOS DE ENTRETENIMIENTO FAMILIAR

Situar esta cantidad de aparatos es un reto para nuestra ingenuidad y nuestro sentido de la decoración. Afortunadamente hay muebles diseñados para albergar estos equipos. Estos muebles tienen una serie de estanterías y armarios con puertas estudiados para poder acceder con comodidad a cada uno de estos aparatos.

LOS ACCESORIOS DEL DESPACHO

Ahora cada vez más gente trabaja en casa y disponer de un espacio para un ordenador y otros aparatos auxiliares se ha convertido en un aspecto importante de la decoración. Mantener la personalidad de los accesorios a la vez que se organizan los elementos de un despacho permite convertir este espacio en un lugar integrado en el esquema decorativo de una casa.

Los archivadores de madera que parecen mesas auxiliares con cajones profundos sustituyen a los archivadores metálicos tradicionales y las mesas de ordenador pueden imitar diseños del siglo XVIII.

Encima de la mesa se combinan cajas pequeñas, botes para lápices y atractivas lámparas de escritorio para crear un ambiente hogareño en lugar del aspecto aséptico y desalentador de las oficinas tradicionales. Se muestran fotografías, cuadros o una discreta colección de libros u otros objetos que ayuden a integrar el despacho con el resto de la casa.

Una última palabra:
SUS ACCESORIOS LE IDENTIFICAN

Como análisis final diremos que aquellos accesorios que elige para vivir y la forma en que los utiliza representan su forma de vida. Los accesorios complementan el mobiliario, y ambos le complementan a usted. De todos los elementos de su casa, usted es el más importante, usted y todos los que tiene alrededor.

EN RESUMEN

❖ Los accesorios son los toques personales que definen un hogar y a su dueño; también definen el carácter de una habitación.

❖ La organización es la clave de la armonía en la exposición de objetos.

❖ Para mantener el equilibrio en una habitación los accesorios deben estar a nivel del ojo cuando se está sentado; en las paredes o en los estantes deben colocarse objetos de forma que no den la sensación de una parte superior muy pesada o voluminosa.

❖ Organice los equipos eléctricos de casa y del despacho de forma que sean cómodos de usar.

❖ Por último, recuerde que usted y los que viven con usted son los accesorios más importantes de su casa. Si todos están cómodos entonces la casa donde viven también será cómoda.

ÍNDICE

Introducción: La idea de hogar 7

Primera Parte: Planificar la distribución 13
    1. Analizarse uno mismo 13
    2. Planificar el espacio 37
    3. Colocar los muebles 53

Segunda Parte: Preparar el fondo 67
    4. Pintar las paredes y los techos 67
    5. Arreglar los suelos 93

Tercera Parte: Decorar las habitaciones 117
    6. Moquetas y alfombras 117
    7. Tapicerías 135
    8. Muebles tapizados 153
    9. Mobiliario 173
    10. Camas y ropa de cama 191
    11. Cortinas 205
    12. Iluminación y lámparas 235
    13. Accesorios 259

...mina todas las claves imprescindibles
...re la elaboración y presentación de cócteles.

Cómo preparar y servir los cócteles
más conocidos en nuestra cultura social.
Los orígenes y evolución de las mezclas
a lo largo de la historia.
Consejos para disponer de un bar
perfectamente surtido en tu propia casa.
Conocer los utensilios más adecuados
para la elaboración de cada mezcla.
Los tipos de copas o vasos apropiados
a cada cóctel.

**Aprende a superar todos tus temores
y a dominar los resortes necesarios
para captar la atención de la audiencia.**

- Cuáles son las cualidades de un buen orador.
- Cómo adaptar tu discurso a las circunstancias
  (lugar, posición ante el público, horario...).
- Actitudes que debe adoptar el orador en función
  del tipo de público.

**El nombre no sólo nos identifica, sino también
...os proporciona una personalidad única.**

La etimología, historia y características
de cada nombre.
Una relación completa de nombres con sus
respectivas onomásticas.
La influencia de la numerología aplicada
a los nombres de personas.
Por qué la elección de un determinado nombre
condiciona nuestro carácter.
Conocer numerológicamente qué valor final
resulta de sumar nombre y apellidos.
Descubrir el simbolismo que tradicionalmente
se ha otorgado a cada nombre.

Una extraordinaria guía práctica
para enriquecer nuestra sexualidad

- Cuáles son los juegos preliminares más excitantes.
- Descubra el potencial erótico de las principales zonas erógenas.
- Aprenda el valor de la comunicación fuera y dentro de la cama.
- Qué importancia tienen el tacto, el olfato y el gusto en la relación sexual.
- Cómo puede reavivarse la pasión y abandonarse la rutina.

Rachel Copeland

IDEAS Y
TRUCOS
PARA
MEJORAR SU VIDA
SEXUAL

*Técnicas y consejos prácticos para
aprender a ser buenos amantes
evitando la monotonía en la pareja*

Anne - Marie Peysson

IDEAS Y
TRUCOS
PARA
BALCONES,
TERRAZAS Y
JARDINES

*Consejos y soluciones para disfrutar de
maravillosas flores y plantas*

Métodos sencillos y prácticos para lograr planta:
flores durante todo el año

- Para aprender a optimizar los sistemas de riego gastar agua inútilmente.
- Cómo cultivar flores y plantas verdes para mace en pequeñas terrazas y balcones.
- Qué incidencia tienen la luz y la ventilación en crecimiento de cada especie.

Albert Seine

IDEAS Y
TRUCOS
— PARA CONOCER —
DATOS UTILES
* Números y fórmulas *

*Consulte de inmediato todos aquellos
datos de interés necesarios en su vida
personal o profesional*

Obtenga del modo más rápido, gráfico y directo
un amplio número de informaciones que le serán
de gran utilidad en su vida diaria

- Cuáles son las principales unidades de medición y sus correspondencias.
- Cómo convertir pies a metros, millas a kilómetros o libras a kilogramos.
- Conozca las principales fórmulas matemáticas aplicables a la vida cotidiana.
- Datos de interés general sobre pesos, temperatura, velocidad y tiempo.